HEYNE BÜCHER

HEYNE KOCHBÜCHER

Rose Marie Donhauser

# Vegetarische WOK-Küche

150 fleischlose Rezepte für den chinesischen Spezialtopf

**Originalausgabe**

WILHELM HEYNE VERLAG
MÜNCHEN

HEYNE KOCHBUCH
07/4693

*Umwelthinweis:*
Dieses Buch wurde auf
chlor- und säurefreiem Papier gedruckt.


Printed in Germany 1996
Umschlaggestaltung: Atelier Ingrid Schütz, München
Umschlagillustration: Ulla Mayer-Raichle, Kempten
Satz: Schaber Satz- und Datentechnik, Wels
Druck und Bindung: RMO-Druck, München

ISBN 3-453-099249

# Inhalt

## Rund um den Wok



## Rezeptteil



## Anhang

# Rund um den Wok

## Abkürzungen und Erklärungen

| | | |
|---|---|---|
| EL | = | Eßlöffel |
| TL | = | Teelöffel |
| Msp | = | Messerspitze |
| g | = | Gramm |
| kg | = | Kilogramm |
| l | = | Liter |
| cl | = | Zentiliter ($^1/_{100}$ l) |
| ml | = | Milliliter ($^1/_{1000}$ l = 1 g) |
| TK-Ware | = | Tiefkühlware |

Wenn nicht anders angegeben, sind die Rezepte für 4 Personen berechnet.

# Wok – das Multitalent aus Asien

Reiselust und Experimentierfreudigkeit, gekoppelt mit einer gewissen Neugier, über den Tellerrand hinauszusehen, haben uns schon das eine oder andere fremdländische Küchengerät beschert. Seit einigen Jahren boomt hierzulande der Wok, ein Topf, dessen Form für das gesunde Kochen hervorragend geeignet ist.

## Gesundes »Fast Food« aus dem Wok

Der Wok, auf deutsch »Kochtopf«, blickt auf eine etwa 3000jährige Geschichte zurück. Die ersten Woks wurden aus Ton, später aus Eisen, dann aus Aluminium und schließlich aus rostfreiem Stahl hergestellt. In der Form sieht der Wok nicht sehr hübsch aus: Eine ausgehöhlte Halbkugel, die in frühesten Zeiten aus praktischen Erwägungen heraus zwingend war. In den chinesischen Küchen oder Kochplätzen werden auch heute noch Bretter mit ausgeschnittenen Löchern über offenen Feuerstellen befestigt, in die die Halbkugeln gehängt werden. Natürlich kann in dieser Situation die Hitzezufuhr nicht in Minuten- oder Sekundenschnelle reguliert werden. So mußten die Zutaten ständig hin- und hergerührt werden, damit im Topf nichts anbrennen konnte. Zudem gab es immer wieder Perioden, in denen das Brennmaterial äußerst knapp war. Das schnelle »Pfannenrühren« ist aus dieser Not geboren. Es er-

möglicht, mit wenig Brennmaterial in kurzer Zeit äußerst hohe Hitze zu erreichen und dabei rasch alle Zutaten im Wok zu garen. Pfannenrühren ist also ein »Bewegungsbraten« – und die Geschichte des schnellen Essens, der Fast-Food-Küche, ist schon so alt!
Das schnelle Rühren der Zutaten im Wok setzt voraus, daß die Zutaten klein geschnitten sind. Gleich groß geschnittene, mundgerechte Stücke, im heißen Wok schnell hin- und herbewegt, ermöglichen eine kurze Garzeit, die wiederum positive Rückschlüsse auf die Qualität und den Nährwerterhalt der gegarten Lebensmittel zuläßt. Die Vitamine und die Struktur der Lebensmittel werden geschont, die kraftvollen Farben der Zutaten bleiben erhalten – kurzum, aus dem Wok erhalten wir gesundes schnelles Essen – international als Health Fast Food gehandelt.

## Die Wahl des richtigen Woks

Wie schon eingangs erwähnt, könnten die originalen und teils importierten Woks keinen Schönheitswettbewerb gewinnen. Die ursprüngliche Form ist zwar in asiatischen Küchen praktisch, aber bei uns wäre es äußerst schwierig, die Halbkugeln auf die Herdplatte oder ein Ceranfeld zu stellen. Bei Tischgeräten, die in einem Gestell über einem Rechaud befestigt sind, reicht meist die Hitzequelle nicht aus. Eine stärkere Befeuerung, die ein Herd leisten könnte, wird benötigt.
Der Wok-Boom wurde von der Industrie schnell erkannt, und es kamen im letzten Jahrzehnt europäische Woks auf den Markt. Diese haben, um der Bezeichnung Wok gerecht zu werden, innen und außen die gleichbleibende Kugelform, der Topfboden aber ist plangeschliffen, um ihn auf den Herd stellen zu können.
Die Wahl des richtigen Woks richtet sich nach Ihren individuellen Bedürfnissen. Wieviele Personen leben in Ihrem Haus-

halt, welche Gewohnheiten und welche Ansprüche sind zu erfüllen? Kochen Sie jeden Tag, auch für sich alleine? Welche Wokgröße und welche Preisvergleiche sind zu berücksichtigen? Der Markt ist mittlerweile mit einer Fülle Woks gut bestückt. Wok-Anfänger sind aber auf eine fundierte Beratung angewiesen, und die kann sehr einseitig verkaufsorientiert ausfallen, je nachdem, wer Sie berät.
Die billigsten Woks sind aus Blech, ohne flachen Boden und meist sehr schlecht verarbeitet. Diese Töpfe sind schwer sauber zu halten, verbeulen schnell und die Kochergebnisse sind nicht gerade optimal.
Bei meinen Wok-Kursen treffe ich immer wieder auf Wok-Anfänger, die sich für den Kochkurs angemeldet haben, weil sie einen Wok geschenkt bekommen haben. Fast jeder hat einen aus Blech bekommen.
Das gängigste Material für den Wok ist Gußeisen, das die Hitze hervorragend speichert und im Preis relativ erschwinglich ist. Hier stellt sich nur die Frage nach der Topfgröße. Bei einem Vier-Personen-Haushalt würde ich immer den Zwei-Personen-Wok empfehlen, denn hier haben Sie beim alltäglichen Kochen auf dem Herd den Vorteil, daß Sie zwei oder mehrere Gänge hintereinander frisch kochen können und nicht der ganze Tisch vom Wok dominiert wird. Der große gußeiserne Wok ist portionsmäßig relativ schwer einzuschätzen. Der Vorsatz, verschiedene Gemüsegänge auszuprobieren, wird vor noch halbvollem Wok verworfen ...
Auf alle Fälle sollten Sie darauf achten, wie der Topfboden aussieht. Es wäre empfehlenswert, einen Wok zu kaufen, den Sie sowohl für das Tischrechaud als auch für den Herd verwenden können – also einen mit abgeflachtem Boden.
Beim Kauf sollte grundsätzlich die Größe bzw. der Durchmesser eines Woks nicht unterschätzt werden. Die meisten Woks haben einen Durchmesser von etwa 40 cm, die kleineren Modelle etwa 25 cm. Die »Großen« haben enorme Schwierigkei-

ten, durch einen kleinen Brenner, der mit Brennpaste oder Spiritus befeuert ist, hitzemäßig auf Touren zu kommen. Daher sind die »Kleinen« eher zu empfehlen, denn der Brenner bringt mehr Hitze in den kleinen Topf.

*Wichtig:* Bitte beachten Sie die Hinweise zur Reinigung der gußeisernen Woks auf der Gebrauchsanweisung. Nach jedem Gebrauch den Topf innen und außen mit einem mit Speiseöl getränkten Küchenkrepp abreiben – das schützt vor Rost.

Woks aus Edelstahl sind zu empfehlen, es gibt sie in allen Größen und Designerausführungen. Die Wahl ist letztendlich eine Geldfrage, denn diese Töpfe können durchaus gigantische Preise erreichen.

Im Großen und Ganzen sind Edelstahltöpfe in der Handhabung und in der Reinigung sehr angenehm.

Die innovativsten Woks sind mit Teflon beschichtet und stehen auf einem elektrisch beheizbaren Sockel. Eine hervorragende Lösung, die mehrere Faktoren berücksichtigt:

- Das lästige Hantieren mit Brennpaste bzw. Spiritus ist passé.
- Das Aufheizen auf hohe Temperaturen geschieht innerhalb kürzester Zeit.
- Durch die leichte Handhabung läßt sich das Gerät als alltägliches Kochgeschirr integrieren, ist aber auch für die Zubereitung am Eßtisch geeignet.
- Der Topf ist schnell und problemlos zu säubern.

Eine Alternative zum elektrischen Wok wäre eine elektrisch beheizbare Kochplatte, die für die Tischrunde geeignet ist.

Es gibt einige Möglichkeiten, den Wok in den Haushalt zu integrieren:

*Tischgeräte:* Manche benutzen ihren Wok wie ein Fondue- oder Raclettegerät. Es wird alle heiligen Zeiten einmal ausgepackt, um einer Gästerunde als Show- und Kochgerät vorgeführt zu werden. Eigentlich schade, denn das Multitalent Wok sollte für weit mehr als nur für Party-Tage herhalten.

*Alltagsgeräte:* Investieren Sie der Qualität, Langlebigkeit, Zufriedenheit und dem sich daraus ergebenden »glücklichen Wok-Gefühl« zuliebe in ein gutes Gerät, das heißt, in ein Gerät, das für die Tischrunde ebenso geeignet ist wie für den alltäglichen Gebrauch.

Sobald Sie sich mit Ihrem Wok einige praktische Erfahrungen angeeignet haben, wollen Sie ihn bestimmt nicht mehr missen. Die einfachen, schnellen und obendrein köstlichen Geschmackserlebnisse machen Sie zu einem »Wok-Abhängigen.«

# Die traditionellen chinesischen Garmethoden Chao, Zha, Jian, Shao und Zheng

CHAO – Pfannenrühren oder sautieren ist die gängigste Kochtechnik im Wok. Die Zutaten werden kurz unter Rühren in heißem Fett gebraten, das heißt vielmehr muß der Fett- oder Ölfilm im Wok so heiß sein, daß die Zutaten fast von selber von einer Stelle zur nächsten hüpfen – mit dem Holzspatel werden sie nur noch geschubst.

ZHA – Fritieren. Die Zutaten werden schwimmend in siedendem Öl ausgebacken.

JIAN – Braten. Für diese Methode wird etwas mehr Öl verwendet, es wird nicht so häufig gerührt und es wird Öl zum Braten nachgegossen.

SHAO – Schmoren. Die Zutaten werden zuerst angebraten (Chao) und dann mit Flüssigkeit zum Schmoren aufgegossen.

ZHENG – Das Dämpfen im Wok ist sehr beliebt in Asien. Dabei werden Bambuskörbchen über siedendes Wasser in den Wok gestellt. Die Zutaten im Körbchen garen durch den entstehenden Dampf – allerdings muß der Wok mit dem Deckel zugedeckt sein.

Bevor Sie den Wok »in Position« bringen, das heißt den leeren Topf auf der Kochstelle so heiß wie möglich werden lassen, müssen die Zutaten bereits fertig geschnitten in unmittelbarer Nähe des Woks stehen. Halten Sie die flache Hand über den Topfboden, um zu spüren, ob der Wok heiß genug ist. Erst jetzt das Öl eingießen und durch sachte Schwenkbewegungen bis zum Rand verteilen. Nur wenn der Wok überall mit heißem Öl überzogen ist, können die zu garenden Lebensmittel nicht ankleben.
Die Zutaten nun nacheinander unter schnellem Rühren anbraten. Achten Sie darauf, daß zuerst die Zutaten mit längeren Garzeiten, wie beispielsweise Möhrenstücke, und erst dann Zutaten mit kürzeren Garzeiten, etwa Chinakohlstreifen, angebraten werden.

## Manche mögen's heiß

Der Wok ist auf sehr hohe Temperaturen ausgerichtet, deshalb ist die richtige Wahl des Fettes sehr wichtig. In der asiatischen Küche wird vorzugsweise mit Erdnußöl gearbeitet, denn dieses ist extrem hoch erhitzbar. Jedoch ist ein gutes Pflanzenöl, wie Sonnenblumenöl, Distelöl oder Sesamöl, genauso zu empfehlen. Bei Sesamöl darauf achten, daß es ein hoch erhitzbares aus dem Reformhaus oder einem gut sortierten Supermarkt ist. In der chinesischen Küche wird zum Würzen ein Sesamöl verwendet, das aus gerösteten Sesamsamen hergestellt ist. Dieses dunkle Würzöl wird im chinesischen Sprachgebrauch auch »Vollendungsöl« genannt, denn es wird erst im letzten Moment tropfenweise zur Abrundung (Vollendung) eines Gerichtes beigegeben. Chinesisches Sesamöl darf keinesfalls zum Anbraten verwendet werden. Fette mit niedrigem Erhitzungsgrad, wie Olivenöl, Butter oder Walnußöl, sind ein Tabu für den Wok.
Damit im Wok alles blitzschnell gart, sind zwei Dinge wichtig:

Hohe Hitze und klein geschnittene Zutaten. Große oder unterschiedlich geschnittene Stücke haben im Wok nichts zu suchen. Große Stücke können gar nicht pfannengerührt werden und unterschiedlich geschnittene Stücke erschweren die Einschätzung der Garzeiten. Viele Vitamine gehen dadurch unnötig verloren. Erlaubt sind jegliche Formen, von Streifen, Ringen, Scheibchen, Rauten und Schnitzelchen bis hin zu Würfeln oder Gehacktem. Sie müssen nur darauf achten, daß eine einheitliche Linie in der Schneidtechnik vorherrscht.

## Ohne Vorbereitung geht es nicht

Die Vorarbeiten für eine gelungene Wokveranstaltung sind das wichtigste. Alle Zutaten müssen griffbereit um den Wok herum plaziert sein. Es darf keine unnötigen Unterbrechungen geben, sei es, um nur schnell frische Kräuter zu hacken oder die Gewürze zusammenzusuchen. In der Küchensprache spricht man von der »mise en place«, ohne die es keine gute Küche geben kann.
Wählen Sie ein oder gleich mehrere Rezepte für ein buntes Wokvergnügen aus. Sobald alle Zutaten besorgt sind, sollten Sie alles nochmals durchchecken, auch die Gewürze und Öle.
Die vorbereiteten Zutaten in Schüsselchen, Gewürze, Öl, Nüsse, bereits geöffnete Saucen und ähnliches rund um den Wok stellen. Holzspatel, Topfhandschuh, Wokdeckel griffbereit daneben legen. Nochmals überprüfen und erst jetzt die Befeuerung für den Wok anstellen.

## Yin und Yang – Essen bedeutet Glück

Die original chinesische Küche existiert außerhalb Chinas nicht. Das, was wir als chinesische Küche bezeichnen, ist nur andeutungsweise mit der Chinaküche zu vergleichen. Zu unterschiedlich sind die Voraussetzungen, Gegebenheiten, Geschmäcker und nicht zuletzt die Zutaten. Für die meisten Europäer ist alles chinesisch, oder im Überbegriff asiatisch, was mit Sojasauce zu tun hat …

Sollten Sie Interesse daran haben, die Philosophie der chinesischen Küche ein wenig mehr einzusehen, zu verstehen und vielleicht für Ihre persönliche Küche umzusetzen, dann heißen die Zauberworte: Yin und Yang.

In der chinesischen Heimat des Woks sind Harmonie und Ausgeglichenheit philosophische Grundprinzipien. Essen bedeutet mehr als nur Nahrungsaufnahme. Beim Kochen werden diese Prinzipien – genauso wie in anderen Lebensbereichen – für die Ausgewogenheit der Speisen umgesetzt. Yin, das weibliche, und Yang, das männliche Symbol, diese Gegensätze – passiv und aktiv – müssen stets in ausgleichender Harmonie vertreten sein. Alle Lebensmittel werden entweder Yin oder Yang zugesprochen. Vitamine und Ballaststoffe, Fette und Mineralien, Hitze und Kälte, Mildes und Scharfes, Süßes und Saures, Knackiges und Weiches, Frische und Feuer – in ausgewogenem Essen und Trinken liegen die Heilkräfte zur Stärkung des Widerstandsvermögens und zur Genesung – was Glück bedeutet.

Die chinesische Küche ist das kulinarische Mitbringsel des Woks. Erst durch dieses Gerät ist die China-Küche, und kurz danach die Thai-Küche, an unsere heimischen Herde gelangt. Doch beim asiatischen Kochen fällt einem schnell auf, daß der Wok das geeignete Gerät zum »Fremdgehen« ist. Welcher Topf bringt uns warme, köstliche Speisen schneller und gesünder zubereitet auf den Tisch als der Wok? Fleischesser schwören auf Zürcher Geschnetzeltes, dessen Fleischstreifen einmalig zart und saftig aus dem Wok kommen. Süße Leckermäuler gucken durch den gläsernen Wokdeckel auf ihre aufgeblähten Dampfnudeln, Fischfans lassen die zarten Filets des Fischein-

topfs auf ihrer Zunge zergehen und Vegetarier warten sehnsüchtig auf die unzählig farbig schimmernden, knackig grünen Mischungen aus dem Wok.
Wir haben mit dem Wok die internationale Küche aufgespürt, die entsprechenden Ergebnisse sind im Rezeptteil verzeichnet. Es ist eine bunte Mischung aus chinesischen, thailändischen, europäischen und anderen eurasischen Verbindungen entstanden. Zudem wird es Sie sicherlich animieren, mutiger im Kochen zu werden, geschickt zu kombinieren oder, wie die Chinesen es tun, einfach Reste unterzuschmuggeln und als Fünf, Acht oder Zehn Köstlichkeiten, je nach Anzahl der Reste, zu verkaufen. Ein Schnitzel in hauchdünne Streifen zu schneiden und es mit viel buntem Beiwerk als Schnitzel für zwei, vier oder gar fünf zu servieren, ist bei den Chinesen gang und gäbe. Genauso listig muß es mit den Curries zugegangen sein, denn es gab immer wieder Notzeiten, in denen Menschen erfinderisch wurden. Fleisch war knapp, Reis war mehr vorhanden – also wurde das Fleischcurry so scharf zubereitet, daß bei jedem Bissen Curry ein Schüsselchen Reis nötig war …

# Vegetarisch essen – Die gesunde Küche en vogue

Vegetarisches Essen ist in Mode gekommen. Oder sind es die andauernden negativen Meldungen über Fleisch und Geflügel, die uns den Appetit darauf verdorben haben? Massentierhaltung, Kalbfleischskandal, BSE, salmonelleninfizierte Hähnchen, fragwürdige Schlachtmethoden und Schweinepest, um nur einige Schlagworte zu nennen. Den Verbrauchern reicht es, sie suchen nach Alternativen. Die vegetarische Kost gehört zu den gewählten Siegern, ständig steigt die Zahl der Überläufer. Nicht zu reden von den zahllosen »Grenzgängern«, die die Nachfrage nach noch mehr fleischlosen Rezepten steigern. Zudem macht es betroffen, wenn im Restaurant auf die Frage nach vegetarischen Gerichten die Antwort kommt: »Ja, dann essen Sie halt die Beilagen.« Auch diese überwiegend fleischverarbeitenden Servierbetriebe müssen die Kochbücher aufs neue studieren.

Die Vegetarier gehören zwar bei weitem noch immer einer Minderheit an, die Zahlen belaufen sich statistisch gesehen auf etwa 3 %, doch wie gesagt, die Verbraucher werden kritischer – die »grüne Welle« schwappt über und boomt.

Überzeugte Vegetarier formieren sich aus Gründen, denen gesundheitliche, ethische oder ökologische Gesichtspunkte zugrunde liegen. Fragen Sie nach Veranlassung und Antriebsfeder, dann wird Ihnen jeder »Pflanzenköstler« einen Fachvortrag halten. Die Argumente reichen von der Steigerung des Wohlbefindens, Abnahme von Gewicht, physisch und psychisch besserer Verfassung, der Linderung oder Besserung von Krankheitssymptomen bis hin zu fitnessgeprägten Ansichten. Anders ausgedrückt: Die vegetarische Lebensführung obliegt einer bewußten Körpereinstellung und einer überzeugt ablehnenden Haltung gegenüber Produkten, die aus moralischen und/oder ökologischen Gesichtspunkten auf verantwortungsloses Handeln gegenüber dem eigenen Körper schließen lassen. Sind Alles-Esser genauso bewußt im Umgang mit Nahrungsmitteln? Eine Frage, die es lohnt, zu beantworten.

## Ein langer Weg

Was haben, um einige Berühmtheiten zu nennen, George Bernhard Shaw, Buddha oder Gandhi gemeinsam? Den Verzicht auf Fleisch. George Bernhard Shaw aus Tierliebe und dem Ekel vor »Leichen auf dem Teller«, Buddha und Gandhi aus tiefster religiöser Überzeugung.

Im Buddhismus, der etwa im 6. Jh. v. Chr. entstand, ist der Leitgedanke verwurzelt, daß Menschen nicht anderes Leben vernichten dürfen. Das fleischlose Leben der Buddhisten war somit weitgehend vorgegeben. Die Gebote im Jainismus waren sogar noch schärfer formuliert: Leben nicht zerstören, bedeutet keine Eier zu essen, denn diese haben Leben in sich.

Bereits hier hat sich der vegetarische Grundgedanke in zwei Linien gespalten. Auf der einen Seite die absoluten Fundamentalisten, die keine Lebensmittel tierischen Ursprungs verzehren, die reinen *Veganer*.

Andererseits die Vegetarier, die neben Pflanzennahrung tierische Produkte wie Eier und Milch zu sich nehmen, und die sich *Lakto-ovo-Vegetarier* nennen.

Hiervon spalten sich noch kleine Untergruppen ab, die beispielsweise nur Milchprodukte annehmen (sogenannte *Lakto-Vegetarier*) oder jene, die ihre Pflanzennahrung nur mit Eiern bereichern *(Ovo-Vegetarier)*.

Sie sehen, daß die Anfänge für ein fleischloses Leben auf der Lebenseinstellung – ja einer Lebensphilosophie, verantwortungsbewußtem Denken, tiefem Glauben oder Aberglauben beruhen.

## Gespaltene Ansichten

Überzeugte Vegetarier und Fleischesser sind wie Feuer und Wasser. Der Fleischesser ist davon überzeugt, daß es richtig ist, von allem etwas zu essen, getreu dem goldenen Mittelweg zu folgen. Die Vegetarier verbannen das Fleisch, für sie bringt ein Leben ohne Fleisch mehr Lebensgenuß und durch die vielen Ballaststoffe und wertvollen Proteine auch eine Prophylaxe für viele Krankheiten.
Der berühmteste Vertreter für die Lehren des Vegetarismus war der englische Arzt Lambert. Im Jahre 1847 wurde in London die »Vegetarian Society of England« gegründet. Die Bezeichnung VEGETARIER etablierte sich von der englischen Geburtsstätte ausgehend.

Wer Gemüse ißt, wird stark,
wer Fleisch ißt, wird tapfer,
wer Reis ißt, wird weise,
wer Luft ißt, wird heilig

*(aus dem Chinesischen)*

## Du bist, was du ißt

Egal, ob Sie Veganer, Vegetarier oder »Grenzgänger« sind, die Ernährung ist der Schlüssel für ein lebenslanges Wohlbefinden. Welches der richtige Ernährungsweg für Sie persönlich ist, müssen Sie alleine entscheiden. In diesem Buch sind genügend

Rezepte ausgearbeitet, getestet und mit Wonne vernascht worden, die allen drei Gruppen sehr gut schmecken werden. Vielleicht werden ja manche Grenzgänger zu Überläufern …

## Grün macht lustig und gesund

Nachfolgend eine kleine Erkundungsreise durch die Welt der Inhaltsstoffe von Gemüse und Obst.

*Allicin* Vor allem in Zwiebelgewächsen vorhanden. Es wirkt antibakteriell (Knoblauch) und hemmt die Blutgerinnung.

*Ascorbinsäure* Als Vitamin C bekannt. Ist reichlich in roten Paprikaschoten, Zitrus- und Kiwifrüchten vorhanden. Es stärkt die Immunabwehr, verhindert dadurch Zellschädigungen und wirkt antioxidativ.

*Carotinoide* Sie finden sich vor allem in Möhren, Mangos, Aprikosen, aber auch in Spinat oder Grünkohl. Es gibt viele tausend verschiedene Carotinarten, wobei das Beta-Carotin, eine Vorstufe des Vitamin A, das Bekannteste ist. Vitamin A ist sehr wichtig für das Wachstum, gesunde Haut, Augen, Schleimhäute und Zahnfleisch.

*Phytosterine* In Sesamsaat und Sonnenblumenkernen vertreten. Sie senken den Cholesterinspiegel und wirken krebsvorbeugend.

*Phenolsäuren* Fast im gesamten Pflanzenbereich vorhanden, vermehrt allerdings in Weiß- und Grünkohl sowie in Radieschen. Sie wirken krebsvorbeugend und antimikrobiell.

*Vitamin E* Für den Zellschutz verantwortlich und die roten Blutkörperchen schützend. Gute Vitamin-E-Versorger sind zum Beispiel Grünkohl, Erbsen, Schwarzwurzeln und Weizenkeimöl.

*Vitamin K* Beispielsweise für die Blutgerinnung zuständig. Tomaten, verschiedene Kohlsorten und alle grünen Gemüse fungieren als Vitamin-K-Lieferanten.

*Folsäure* Wichtig für die Zellteilung und Zellneubildung, insbesondere der roten und weißen Blutzellen. Folsäure verhindert gewisse Formen der Anämie. Weißkohl, Tomaten, Vollkornprodukte, Grünkohl und Spinat sind zu empfehlen.

# Das bunte Repertoire vollwertiger Zutaten für den Wok

Wie heißt es so schön: »Du bist, was du ißt«.
Nicht auszumalen, was dabei herauskäme, wenn wir originalgetreu chinesisch, thailändisch oder japanisch kochen würden, obgleich die Zutaten dafür meist nur getrocknet, konserviert oder gefroren zu erhalten sind.
Dieses Kapitel soll Ihnen helfen oder Sie dazu animieren, anstelle von zu vielen konservierten Produkten lieber frische Ersatzprodukte zu verwenden. Der gesundheitliche Aspekt darf diesbezüglich nicht vernachlässigt werden, denn Vegetarier müssen ihre Versorgung mit hochwertigem Eiweiß, das normalerweise durch Fleisch geliefert wird, gewährleisten. Das heißt: Viele verschiedene Lebensmittel miteinander kombinieren, je bunter die Mischung, desto höher ist die Gewißheit, mit genügend Nährstoffen versorgt zu sein.
Sie finden in diesem Kapitel eine Auswahl von Lebensmitteln zusammengestellt, die mit Tips, Tricks und vielfältigen Kombinationsmöglichkeiten versehen ist. Von Früchten über Nüsse, Samen und Gemüsesorten finden Sie die wichtigsten Vertreter. Scheuen Sie sich nicht davor, Ihre »vollwertigen Ideen« im Wok umzusetzen. Wo wäre die Möglichkeit besser dafür?

*Ananas* Nehmen Sie möglichst eine frische, süße, deren erste Hälfte für das Hauptgericht und deren zweite Hälfte für das

Dessert verwendet wird. Ob für Curries, süß-saure Gerichte oder Saucen – die Ananas gehört in die exotische und asiatische Küche.

*Auberginen* Kleine, weiß-lila-farbene asiatische Auberginen gibt es frisch in gut sortierten Lebensmittelabteilungen oder in Asienläden. Genauso wie die europäischen Auberginen zu verwenden.

*Bambussprossen, Bambusschößlinge* Sie sind in vielen Asiengeschäften frisch erhältlich.

*Bananen* Ob die gewöhnlichen, wie wir sie kennen, die Zwergbananen oder die Gemüsebananen (Planten) – alle sind sie fester Bestandteil der Küche. In diesem Buch finden Sie einige Rezepte mit Bananen, zum Beispiel im Chutney, im Gemüsewok, im Curry oder im »Süßen Wok«.

*Baumtomaten* Dieses Gemüse stammt aus Asien und ist im Geschmack mit den gängigen Tomaten nicht zu vergleichen. Meist in thailändischen Geschäften erhältlich. In mundgerechte Stücke schneiden und unter das Wokgemüse mischen.

*Champignons* Frische Pilze sind den konservierten immer vorzuziehen. Einzelne getrocknete asiatische Pilze werden oft mehr der Würze wegen unter die Gemüsepfanne gemengt.

*Chicorée* Schneiden Sie ihn quer in zentimeterbreite Streifen. Zusammen mit Cashews, Möhren, Spinat und Fenchel pfannenrühren.

*Chilischoten* Frische, rot oder grün unbedingt probieren.

*Chinakohl* Ist vielseitig verwendbar: roh, blanchiert, gebraten, gedünstet, gerollt und gefüllt oder eingelegt; und vor allem ist er immer zu bekommen.

*Erbsen* Ob ihrer kurzen Saison sind sie nicht immer frisch zu erhalten. Es ist durchaus zu empfehlen, getrocknete oder tiefgekühlte Ware zu verwenden.

*Fenchel* Schneiden Sie den frischen Fenchel zusammen mit dem Grün in dünne Streifen und schmoren sie ihn, wenn möglich, mit Pinienkernen im Wok.

*Früchte* Frisches, oftmals auch exotisches Obst ist jederzeit in einem Wok willkommen. Bei Curries sogar ein Muß: Äpfel, Bananen und Ananas.

*Frühlingszwiebeln* Im Bund, frisch vom Markt zusammen mit dem Grün zu verwenden. Frühlingszwiebeln gehören zum Standard in der chinesischen Küche.

*Grünkernkörner* Vor der Weiterverwendung etwa 45 Minuten leise in Gemüsebrühe köcheln. So sind die Körner noch bißfest und können nach Gusto unter den Gemüsewok gemengt werden.
Nährstoffgehalt: Grünkern ist äußerst magenfreundlich, sein Gehalt an Vitaminen aus der B-Gruppe und an Mineralstoffen ist sehr hoch (besonders Eisen, Magnesium, Phosphor). 100 g enthalten etwa 348 kcal, 11,6 % Eiweiß, 69,4 % Kohlenhydrate.

*Gurken* Sie werden bei uns vorrangig in der Rohkost verarbeitet. In der asiatischen Küche kommen sie ganz selbstverständlich in den Wok. Die Gurke waschen, nicht schälen, der Länge nach halbieren, mit einem Löffel die Kerne herauskratzen und in etwa zentimeterbreite, drei Zentimeter lange Stücke schneiden.

*Ingwer* Die frische Wurzel schmeckt vollkommen anders als die pulverisierte Form. Sollten Sie nicht immer an frischen Ingwer gelangen, so kaufen Sie doch einfach eine größere Menge, die geschält, gehackt und portionsweise eingefroren wird.

*Kartoffeln* Für den Wok vorher entsprechend bißfest oder fast gar kochen. Roh würden sie im Wok zuviel Fett aufsaugen und sehr lange brauchen, bis sie durch sind. Kartoffelwürfel oder -scheiben für Wokgerichte bereitgehalten, sie schmecken hervorragend in Currygerichten oder würzigen Gemüsepfannen.

*Kichererbsen* Sie werden meist in Dosen oder getrocknet angeboten. Geben den Gemüsegerichten einen unverwechselbaren, nussigen Geschmack.

*Kiwi* Sie sind gerngesehene Früchte im Wok. Nicht anbraten, aber kurz vor dem Servieren unter ein süß-saures Wokgericht mengen.

*Knoblauch* Ob frisch gehackt, gepreßt oder mit Salz im Mörser zerrieben – Knoblauch ist das A und O in der asiatischen Küche.

*Knollensellerie* Frisch fein hacken oder in schmale Streifen schneiden und zusammen mit Möhren, Lauch und Sojabohnenkeimlingen im Wok andünsten. Wegen der Schwarzfärbung sollten Sie geschälten Sellerie mit Zitronensaft beträufeln.

*Kohlrabi* Schneiden Sie ihn in feine Streifen und dünsten Sie ihn zusammen mit Möhren, Spargel, Lauch, Zwiebeln und viel Kräutern im Wok.

*Kräuter* Verwenden Sie Kräuter möglichst immer frisch und von allem etwas. Die Unempfindlichkeit und die unkomplizierte Bepflanzung sind Grund genug, einen kleinen Kräutergarten vor dem Haus oder auf der Fensterbank zu ziehen. Alternative: In der Kräutersaison frische Kräuter hacken und portionsweise einfrieren.

*Kürbis* Frisch oder eingelegt erhöht er den Genuß einer Gemüsepfanne. Kürbis-Chutney oder süß-sauer eingelegter Kürbis sind ideale Würzer.

*Limetten* Diese grünen Zitrusfrüchte sind überwiegend für thailändische Gerichte vorgesehen. Ersatzweise Zitronen (Limonen) verwenden.

*Linsen* Die eiweißreichen Hülsenfrüchte sind bei geschickter Kombination in der vegetarischen Küche einfach unersetzbar.

*Maiskörner* Frischer Mais gibt jeder Gemüsepfanne den letzten Schliff. Ersatzweise frische Maiskölbchen aus dem Asiengeschäft verwenden.

*Mangold* Er schmeckt im Wok wunderbar würzig. Die einzelnen Blätter quer in zentimeterbreite Streifen schneiden und wie Chinakohl im Wok anbraten.

*Meerrettich* Achtung: frisch gehackt oder geraffelt von der Wurzel ist er ein scharfes Erlebnis. Wie Ingwer schälen, hacken und gegebenenfalls portionsweise einfrieren.

*Oliven* Ob grün, ob schwarz, ob eingelegt, gefüllt, gekräutert oder geknofelt – mediterranen Gerichten einfach kurz vor dem Servieren untermengen.
Olivenöl ist übrigens nicht für hohe Temperaturen geeignet – Vorsicht Rauchentwicklung.

*Okraschoten* Sie sind vorrangig aus der orientalischen Küche bekannt. Die grünen Schoten putzen und im ganzen, beispielsweise mit Tomaten, Knoblauch und Maiskörnern, im Wok dünsten.

*Orangen* Als frisch gepreßter Saft werden sie zum Abschmecken von exotischen Gerichten, für Chutneys oder Relishes gerne verwendet.

*Pak Choi* Auch als chinesischer Senfkohl bekannt, wird er gerne mit Mangold verglichen. In gut sortierten Lebensmittelabteilungen von Kaufhäusern, Asienläden oder orientalischen Gemüsegeschäften erhältlich.

*Paprikaschoten* Ob gelb, grün, rot oder violett – alle gehören sie in den Wok. Manchmal fein gewürfelt oder, meist, in feine Streifen geschnitten.

*Roggenkörner* Sie machen Gemüsepfannen noch nahrhafter, würziger und geschmacklich interessant.
Falls Sie sich die Mühe machen wollen, es lohnt auf alle Fälle: Roggenkörner mit genügend Wasser über Nacht einweichen. Mit dem Einweichwasser zum Kochen aufstellen, etwa eine Stunde offen kochen lassen, den Topf beiseite ziehen und die Roggenkörner eine weitere Stunde ausquellen lassen. In einem Sieb gründlich abspülen, abtropfen lassen und unter die Gemüsepfanne mengen.
*Tip:* Bei erstmaligem Genuß von Roggenkörnern, wie auch

bei anderem Getreide, nicht zuviele Körner essen. Der Verdauungstrakt braucht Eingewöhnung.

*Schalotten* Sie sind die edelsten Vertreter der Zwiebelgewächse und geschmacklich sehr fein und aromatisch. Öfter mal zur Schalotte greifen.

*Spargel* Frischen Spargel bißfest garen, quer in Stücke schneiden und zusammen mit Brokkoli- und Blumenkohlröschen, viel frischem Kerbel, Estragon, Möhrenstiften und frischen Sojabohnensprossen zu einem bunten Wokgemüse pfannenrühren.

*Spinatblätter* Frische Spinatblätter mit Schalotten und Pinienkernen aus dem Wok schmecken super. Bedingung ist: Der Wok mit dem Öl zusammen muß so heiß sein, daß der Spinat auf dem heißen Wokboden nirgends kleben bleibt, sondern beim Pfannenrühren vor Hitze abprallt.

*Sprossen* Frische Sprossen aller Art, von Alfalfa bis hin zu Rettichsprossen sind hochwertige Vitaminträger. Besonders in kalten Jahreszeiten verstärkt im Keimkasten selber ziehen. Als Garnitur für die Gemüsepfanne verwenden oder unter die Gemüsepfanne mengen.

*Staudensellerie* In Stifte schneiden und mit Tomaten, viel Kräutern, frischen Champignons und Zucchini im Wok pfannenrühren.

*Tofu* Der Sojabohnenquark ist ein hochwertiger Eiweißlieferant, der in der vegetarischen Küche unverzichtbar ist. Genügend Rezepte sind in diesem Buch vorhanden. Ob gebraten, fritiert, verpackt oder in der Suppe, jeder wird etwas Passendes finden.

*Walnüsse* Am besten immer frisch in der Schale kaufen, denn geschält in Päckchen werden sie schnell ranzig. Für Chutneys und süß-saure Wokgerichte sehr zu empfehlen. Walnußöl nicht für den Wok verwenden, denn es ist nicht für hohe Temperaturen geeignet.

*Weizenkeimlinge* Sie sind einfach herzustellen: Weizenkörner in genügend Wasser etwa einen Tag einweichen. Abspülen, abtropfen lassen und anschließend für zwei bis drei Tage in eine Keimbox geben. Die Weizenkeimlinge sind wahre Vitaminbomber. Streuen Sie sie über die fertige Gemüsepfanne.

*Weizenkörner* Sie sind für vollwertige Gemüsepfannen ein Muß. Dazu Weizenkörner gründlich durchspülen und über Nacht in kaltem Wasser einweichen. Das Wasser wechseln und den Weizen in genügend Gemüsebrühe oder Wasser etwa 15 Minuten kräftig durchkochen. In ein Sieb gießen, durchspülen und gründlich abtropfen lassen. Einfach unter das gedünstete Gemüse mengen.

*Zitronengras* Frisches Zitronengras klein hacken und erst zuletzt in das Wokgericht geben. Gibt dem Gericht eine aromatische Frische. Vorzugsweise in Asienläden erhältlich.

*Zuckerschote* Auch unter den Namen Zuckererbse oder Kaiserschote bekannt, ist sie eine Erbsensorte mit Schoten ohne innere Pergamenthaut und besitzt ein sehr feines Aroma.

*Zwiebel* Weiße und rote Zwiebeln in hauchdünne Streifen schneiden und als gleichwertiges Gemüse, nicht nur zum Andünsten, verwenden.

# Reis – das weiße Gold macht glücklich und gesund

Reis, die älteste und wichtigste Kulturpflanze der Welt, wird in über 4000 Sorten angebaut. Zwar ist das im Handel erhältliche Angebot nicht so vielfältig, denn nicht jeder Reis ist für die Küche von Bedeutung; dennoch sind weitaus mehr Sorten auf dem Markt, als wir gekostet haben. Dies sollte eigentlich Grund genug sein, nicht immer nach der gleichen Sorte zu greifen. Legen Sie Ihre Bequemlichkeit, ihre Gewohnheiten ab, kombinieren Sie Neugierde mit Experimentierfreudigkeit, und Sie werden sehen und schmecken, daß Reis nicht einfach Reis ist.

Reis ist ein Rispengras aus dem tropischen Asien und Afrika, wird in warmen Ländern auf überrieselten Feldern angebaut, gilt zudem als die formenreichste Getreidepflanze und ist Hauptnahrungsmittel in Süd- und Ostasien. Früheste Zeugnisse weisen darauf hin, daß Reis bereits im Jahre 2800 v. Chr. in China bekannt war. Aber nicht nur die Chinesen sind Reisesser, sondern weit mehr als die Hälfte der Weltbevölkerung.

Reis, ein wichtiger Bestandteil in der vegetarischen Küche, hat viel zu bieten. Für den Verbraucher sind drei Hauptgruppen, die wiederum in mehreren Sorten im Handel erhältlich sind, wichtig:

*Rundkornreis* Die fast runden Reiskörner werden durch das Kochen weich und klebrig. Verschiedene Sorten wie Milchreis für – meist – süße Gerichte und Klebreis fallen in diese Kategorie. Im Rezeptteil wird Klebreis verwendet, der

*Gebratenes Gemüse im Wok (Rezept siehe Seite 102)*

beim Stäbchenessen sehr praktisch ist, da die Körner aneinander kleben. Auch Ungeübte oder Anfänger können beim Hantieren mit den Stäbchen kaum was verlieren!

*Mittelkornreis* Die Reiskörner sind kürzer und etwas dicker als Langkornreis. Beim Kochen wird der Reis cremig-körnig. In der Zubereitung von italienischen Reisgerichten mit den entsprechenden italienischen Reissorten sehr beliebt. Bekannteste Vertreter bei uns sind Arborio- und Vialone-Reis.

*Langkornreis* Die Reiskörner sind lang und schmal. Sie kochen trocken-körnig. Langkornreis enthält weniger Stärke als Mittel- und Rundkornreis, nimmt beim Kochen weniger Wasser auf und sieht optisch sehr gut aus. Die Verwendung reicht von Salaten über Aufläufe bis hin zu Suppen. Wichtigste Vertreter sind Patna-Reis aus Indien oder USA, der aus Thailand oder China stammende Duftreis, Siam-Reis aus Indien, Roter Reis und Basmati-Reis.

*Wildreis* Er wird ob seines deliziösen Eigengeschmacks sehr gerne verwendet. Die beschwerliche Ernte und der beschränkte Anbau haben aber auch ihren Preis.
*Mein Tip:* Wildreis löffelweise unter eine größere Menge einer gängigen Reissorte mischen.

Vornehmlich in asiatischen Geschäften haben Sie die Möglichkeit, Reis direkt aus großen Säcken zu kaufen. Lassen Sie sich beraten, fragen Sie nach der Kochzeit und mischen Sie je nach Lust und Laune roten Reis mit Duftreis, Wildreis mit Patna-Reis oder genießen Sie einfach Basmati-Reis, zum Beispiel für orientalische Gerichte.

*Ungeschälter Reis* In der überzeugten vollwertigen Vegetarierküche ist Reis ohne Silberhäutchen nicht denkbar, denn in

diesem Häutchen stecken wichtige Vitamine, Ballaststoffe, Kohlehydrate und Mineralstoffe. Für Naturkostler ist es vollkommen unverständlich, warum Reis überhaupt geschält wird – nur die ungenießbare Außenhülle wird prinzipiell entfernt.
Die vom Silberhäutchen befreiten Körner haben vom gesundheitlichen Aspekt kaum noch etwas zu bieten – außer der unbegrenzten Lagerung, denn das Silberhäutchen ist sehr fetthaltig. Das heißt, daß Naturreis, Voll- oder Braunreis wie er ungeschält heißt, nicht lange gelagert werden kann, da der Reis sonst ranzig wird.
Vollreis hat keine silbrige, sondern eine bräunliche Farbe und wird als Rundkorn oder Langkorn angeboten. Die Kochzeit beträgt etwa 30 Minuten, fast doppelt so lange wie bei geschältem Reis.

Für Reis sind vielerlei Zubereitungsarten möglich.
Er eignet sich sowohl als eigenständiges Reisgericht in Form von Gebratenem Reis, der mit verschiedensten Gemüsesorten, Gewürzen, Eiern, Nüssen und Kräutern erweitert wird, als auch gebraten allein und beispielsweise mit Chili oder Safran gewürzt oder als Beilage, bereits gekocht und für die Wokgerichte bereitgestellt. Die Chinesen kennen noch eine weitere Zubereitungsart: Reis kräftig anbraten, bis sich eine Schicht bildet, die vom Topfboden weggekratzt wird. Diese Stücke in siedendem Öl ausbacken und entweder als »Keks« essen oder als Einlage für Suppen verwenden.

# Nudeln – eine grandiose Erfindung

Auf dem kulinarischen Sektor gibt es wohl kaum eine bessere Verständigung als die Sprache der Nudeln. Weltweit geliebt, nationalbewußt und regional abgeschmeckt, hat sich die Nudel einen festen Platz auf den cosmopolitschen Tellern der Welt gesichert. Eher seltener als Nebensache oder als Beilage, sondern als strahlende Solistin macht sie Karriere.
In früheren Zeiten war sie ob ihrer einfachen Zutaten eher dem »Arme-Leute-Essen« zuzuordnen, ihre Erscheinung wurde als nicht besonders gesellschaftsfähig empfunden. Gehen wir noch weiter zurück in die Geschichte der Nudeln, so stolpern wir über verschiedene Aussagen bezüglich der Erfindung der Nudel. Marco Polo soll bei seiner Rückkehr aus China im 12. Jahrhundert die Nudel in seinem Reisegepäck gehabt haben. Eine greifbare Erklärung, die aber durch diverse Funde und Dokumente im nachhinein wieder entkräftet wurde. Zwar deuten die ersten Nudelzubereitungen auf China hin, aber vielleicht war Marco Polo einfach der bessere Markt-Stratege, der spitzfindigere »Nudelpromoter« für Italien. Die Werbung hat gut geklappt, bis heute verbindet jeder sofort die Nudel mit Italien, wer käme gar auf China?
Die Chinesen leben durchaus nicht vom Reis allein, sie gehören eher zu den Weltmeistern im Nudelessen. China besitzt unendlich viele Nudelshops, Nudeln sind im chinesischen Leben so integriert, daß sie in Aberglaube und Geschichte eine wesentliche Rolle spielen.

Zur Nudelentstehung habe ich persönlich die Meinung, daß eben parallel in den verschiedensten Ländern die Teigentwicklung zwangsläufig ihren Weg in das siedend heiße Salzwasser gefunden hat. Viele Zeugnisse sprechen für diese Theorie, denn vergleichen Sie die Teigzubereitungen der verschiedensten Nationen. Gefüllte Nudelteigtäschchen oder -bällchen gibt es überall: In der Türkei heißen sie Manti, in Italien Ravioli oder Tortellini, in Indien Samosa, in Rußland reicht die Palette von Wareniki, Galuschki, Kolduni bis hin zu Pelmeni. In China sind es die Jiaozi, in Österreich wird der Nudelteig gestrudelt und als Nocken oder Schlutzkrapfen verkauft. Bei uns sind es die Maultaschen oder die Spätzle. Jede nationale Nudelschöpfung ist einzigartig, und Vergleiche anzustellen, zum Beispiel zwischen Ravioli und Maultaschen, könnte in Italien wie im Schwabenland zu gefährlichen Diskursen führen …

## Heute so, morgen so

Und übermorgen ganz anders. Mit Nudeln kann es gar nicht langweilig werden. Zuviele Sorten sind auf dem internationalen Nudelmarkt erhältlich.

Nachfolgend die wichtigsten Nudelunterschiede und Kauftips für viele erfolgreiche Nudelpfannen.

Europäische Nudeln werden in zwei Gruppen eingeteilt: Nudeln mit Eiern – Pasta all'uovo. Diese werden mit Eiern zubereitet und überwiegend frisch hergestellt.

Nudeln ohne Eier – Pasta secca. Sie werden aus Hartweizen und Wasser hergestellt, getrocknet und abgepackt exportiert.

Aus diesen beiden Teiggruppen gibt es Nudeln in allen erdenklichen Formen zu kaufen. Zusätzlich gibt es die Möglichkeit, aus der Farbpalette entsprechend auszuwählen:

Schwarze Färbung: mit Tintenfischtinte
Hellrote Färbung: mit Tomaten
Dunkelrote Färbung: mit roten Beten
Orange Färbung: mit Kürbis
Grüne Färbung: mit Spinat
Braune Färbung: mit Kakao

## Chinesische Nudeln

In China besitzt die Nudelteigherstellung eine sehr lange Tradition. Aus dem schnell selbstgefertigten Nudelteig sind viele Zubereitungen möglich: Gefüllte Nudelteigtäschchen (Jiaozi), gekochte Nudeltaschen (Shui Jiao), gebratene Nudelteigtaschen (Guotie) und die über Dampf gegarten, heißen Shao Mai.
Der Nudelteig für diese Köstlichkeiten ist schneller gemacht, als man denkt:
Als Faustregel gilt, zwei Teile Mehl und ein Teil lauwarmes Wasser auf einer bemehlten Arbeitsfläche rasch zu einem glatten, elastischen Teig verarbeiten. Diesen in Folie eingehüllt etwa 20 Minuten ruhen lassen, anschließend ausrollen und entsprechend formen. Noch einfacher ist es, frischen oder tiefgekühlten Nudelteig in Asienläden zu kaufen.
Berühmte Vertreter der Nudelgarde sind die gefüllten Nudelteigtäschchen, die schon frühmorgens in China zum Frühstück verzehrt werden. Dim Sum oder übersetzt »Berühr' dein Herz« – die Nudel, eine philosophische Botschafterin?

Zum Geburtstag werden viele Nudeln kredenzt, denn Nudeln bedeuten in China ein langes Leben.
Nachfolgend die gängigsten Sorten, die in gut sortierten Lebensmittelabteilungen und Asienläden erhältlich sind:

*Ho Fun* – Reisnudeln – sind weiße Nudeln aus Reismehl, die in unterschiedlichen Formen, Größen und Sorten angeboten werden. Die Nudeln sind sehr lang, wahrscheinlich Geburtstagsnudeln, die meist in heißem Wasser eingeweicht werden, um sie danach kürzen zu können.

*Dahn Min* – Eiernudeln – sind in China die beliebtesten und gängigsten Nudeln. Meist in Bündeln erhältlich, die nach Packungsaufschrift verwendet werden.

*Fun Min* – Bohnenmehlnudeln – sind eine sehr beliebte Suppeneinlage. Man kann sie aber auch vorkochen und kroß braten.

*Reis-Vermicelli* – Fadennudeln – aus Reismehl hergestellt.

# Fürst von Hainan, der Herr über den Tofu

Wieder einmal waren es der Glaube und die Suche nach Unvergänglichkeit, welche die Taoisten in China kreativ werden ließen.
Zahlreiche Erfinder, Giftmischer und Testesser mußten ihr Leben lassen, bis eines Tages unter der Herrschaft des Fürsten von Hainan ein geschmackloser weißer Brei entstand, der in den Chinesen den Glauben an die Erfindung des Lebensbreies wachrief.
In der chinesischen Sprache heißt Tofu »Dou Fu«. Wir haben das japanische Wort »To Fu« übernommen, das sich zusammensetzt aus »To« für Bohne und »Fu« für Gärung.
Vereinfacht ausgedrückt werden für die Tofuherstellung trockene Sojabohnen eingeweicht, zerkleinert, gekocht und fest gepreßt. Die ausfließende Flüssigkeit wird als Sojamilch verkauft, die restliche, quarkähnliche Masse ist Tofu.
In diesem Stadium fangen die Verfeinerungen an: Tofu wird mariniert, geräuchert, gekräutert, luftgetrocknet, gefroren, eingelegt, fritiert oder gewürzt gehandelt. Meist erhält man ihn in haushaltsgerechten Blöcken, grammweise abgepackt oder in Stücke beziehungsweise in Scheiben geschnitten. Asienläden, gut sortierte Lebensmittelabteilungen, Ökoläden und Reformhäuser verkaufen Tofu.
Frisch erstandener Tofu aus einer Lake hält sich bei entsprechender Lagerung (mit täglich zu wechselndem Wasser bedeckt in ein Gefäß geben) einige Tage im Kühlschrank.

Für die Vegetarier ist Tofu – als Fleischersatz in der Küche – ein äußerst wichtiger Eiweißträger in der Ernährung. Enthalten doch 100 g weißen Sojabohnenkäses unter anderem etwa 10 g Eiweiß, 4–6 g Fett, Vitamine aus der B-Gruppe, Vitamin E, Phosphor und Kalium, entsprechen aber dabei nur einem Kaloriengehalt von 80 kcal.
Je nach Auspressung der Sojabohnenmasse entstehen unterschiedliche Sorten:
Seidentofu enthält im Vergleich zu anderen Tofu-Sorten das meiste Wasser.
Dou Fu Pok ist chinesischer, gebratener Sojabohnenquark und wird, eingelegt in Wasser, frisch in Chinaläden verkauft. Japanischer Tofu ist süßer und feiner im Geschmack als chinesischer Dou Fu.

## Herausforderung für die Köche

Tofu hat keinen Eigengeschmack. Erst durch entsprechendes Weiterverarbeiten für Cremes, Saucen, Suppen, Füllungen sowie entsprechendes Würzen wird Tofu geschmacklich interessant. In diesem Buch finden Sie mehrere Tofu-Rezepte, die Ihnen eine geschmackliche Orientierung für kreative Eigenversuche geben.

# Rezeptteil

# Suppen à la minute und Eintöpfe zum Schmurgeln

## *Grundrezept Gemüsebrühe*

Machen Sie sich die Mühe, eine größere Menge frischer Brühe zu kochen und verzichten Sie möglichst auf Instantpulver. Die fertige Brühe läßt sich in Eiswürfelformen oder in Portionsschalen hervorragend einfrieren und ist bei Bedarf sofort »einsatzbereit«.

*1 Zwiebel · 2 Bund Suppengrün*

*einige Petersilienstengel*

*Salz · 3–5 Pfefferkörner*

*1 Gewürznelke · 1 Lorbeerblatt*

*zusätzlich: frische Bohnen, Erbsen, Kohlrabi, Blumenkohl oder Brokkoli*

Einen Topf mit etwa 2 l Wasser zum Kochen bringen. Die Zwiebel nicht schälen und halbieren. Das Suppengrün putzen und grob zerschneiden. Die Kräuter waschen. Die vorbereiteten Zutaten mit Salz, Pfefferkörnern, Lorbeerblatt und Gewürznelke in das kochende Wasser geben. Die Brühe bei zurückgedrehter Hitze etwa 30 Minuten leise köcheln lassen. Das Gemüse putzen und in mundgerechte Stücke schneiden.

Die Brühe durch ein Sieb passieren und erneut zum Erhitzen aufstellen. Das vorbereitete Gemüse in die Brühe geben, bißfest garen und für Ihr Mittag- oder Abendessen herausnehmen. Die Brühe nochmals durch ein Sieb passieren und erkalten lassen. Entweder für die nächsten Tage in den Kühlschrank stellen oder portionsweise einfrieren.
*Tip:* Die Gemüsebrühe wird im Geschmack asiatischer, wenn sie frischen Ingwer, Koriandergrün, etwas frische Chilischote und etwas frische Limettenschale beigeben.

## *Eierblumensuppe mit Ingwer*

Eine einfache Suppe aus China namens »Dahn far tong«. Sobald die verquirlten Eier in die Suppe gerührt werden, sehen sie für einen Moment aus wie eine blühende Chrysantheme. Eine typische Offenbarung chinesischer Lebensart – schöne Geschichten machen den Alltag zu Festtagen …

*1 Bund Frühlingszwiebeln · $^1/_2$ Bund Koriandergrün*
*2 cm frische Ingwerwurzel · 1 l Gemüsebrühe*
*2 EL Reiswein oder Sherry*
*Salz · frischgemahlener schwarzer Pfeffer*
*1 TL Sesamöl · 3 Eier*

Die Frühlingszwiebeln putzen und in Streifen schneiden. Das Koriandergrün waschen, trockenschwenken, von den Stielen zupfen und hacken. Die Ingwerwurzel schälen und hacken oder reiben.
Im Wok die Gemüsebrühe erhitzen. Frühlingszwiebeln, Ingwer sowie Koriandergrün in die Suppe rühren. Mit Salz, Pfeffer und Sesamöl würzen. Die Eier mit ein paar Löffeln

Suppe verschlagen und in die kochende Brühe rühren. Sofort servieren.
*Tip:* Diese Suppe ist eine ideale Grundlage für Reste. Beispielsweise gekochter Reis, ein paar Bohnen, einige Zucchinischeiben usw.

## *Reissuppe mit Gemüsestreifen*

*100 g gekochter Spargel · 100 g Kohlrabi*
*100 g Möhren · 1 Handvoll frischer Spinat*
*$1^1/_2$ l Gemüsebrühe · 100 g Erbsen (TK-Ware)*
*200 g gekochter Reis · 1–2 EL Sojasauce*
*Vollmeersalz · frischgemahlener schwarzer Pfeffer*

Den Spargel in etwa 2 cm große Stücke schneiden. Kohlrabi und Möhren schälen und in dünne Stifte schneiden. Den Spinat verlesen und waschen. Die Gemüsebrühe in den Wok gießen und auf der Herdplatte aufkochen. Für die Tischrunde den Wok mit der Suppe auf das Rechaud stellen.
Die vorbereiteten Gemüse, die gefrorenen Erbsen sowie den Reis einrühren. Die Gemüsebrühe mit Sojasauce, Vollmeersalz und Pfeffer nach Geschmack würzen. Das Gemüse etwa 5 bis 10 Minuten leise ziehen lassen. Kurz vor dem Servieren die Spinatblätter einrühren.
*Tip:* In dieser feinen Gemüsebrühe möchte jedes Gemüse gerne baden. Beispielsweise Sellerie, Brokkoliröschen, Blumenkohl oder Pastinaken. Verwenden Sie möglichst das frische Angebot vom Markt. Tiefkühltruhe oder konservierte Lebensmittel sind immer eine Kompromißlösung.

## *Szechuan-Suppe*

In die berühmte Suppe aus Szechuan gehören Garnelen und Schweinefleisch. Aber auch die nachfolgende süß-saure Variante ohne Fleischeinlage schmeckt hervorragend.

*100 g chinesische Eiernudeln*
*1 Packung chinesische Wolkenohrpilze · 1 große Zwiebel*
*1 cm frische Ingwerwurzel · 2 Möhren*
*1 Stange Lauch · 100 g Tofu · 2 EL Pflanzenöl*
*1 EL helle Sojasauce · 1 EL Zucker*
*2 EL Reiswein (ersatzweise Sherry)*
*frischgemahlener schwarzer Pfeffer*
*(vorzugsweise Szechuan-Pfeffer) · 1 l Gemüsebrühe*
*nach Belieben 1 EL Chiliöl (Fertigprodukt)*

Die Eiernudeln sowie die chinesischen Pilze separat mit heißem Wasser begießen und quellen lassen. Zwiebel, Ingwer und Möhren schälen und fein hacken. Die Lauchstange waschen und quer in 1 cm große Stücke schneiden. Den Tofu grob würfeln.

Das Pflanzenöl im Wok erhitzen. Die Gemüsewürfel unter ständigem Rühren andünsten. Tofuwürfel, Sojasauce und Zucker einrühren. Mit Reiswein und etwas Wasser ablöschen. Mit Pfeffer abschmecken und mit Gemüsebrühe aufgießen. Nach dem ersten Aufkochen die Lauchstücke einlegen und die Suppe etwa 5–10 Minuten leise köcheln lassen. Die Wolkenohrpilze und die Nudeln hinzufügen. Nochmals abschmecken und servieren.

*Tip:* Wer die Suppe sämiger möchte beziehungsweise nach chinesischer Art, der rührt einen Eßlöffel Maisstärke mit etwas Wasser glatt und dickt die Suppe damit an.

## *Tofusuppe mit Lilienknospen*

In Asienläden erhalten Sie die Lilienknospen getrocknet in kleinen Tüten und die Wasserkastanien in kleinen Dosen.

| Für 5 Personen: |
|---|
| *50 g Lilienknospen · 2 Mu-err-Pilze, getrocknet* |
| *100 g Wasserkastanien · 200 g gekräuterter Tofu* |
| *2 Schalotten (ersatzweise Zwiebeln)* |
| *100 g frische Maiskölbchen (Asiengeschäft)* |
| *1 Handvoll Brunnenkresse (ersatzweise Gartenkresse)* |
| *4 EL Erdnußöl · 1 1/4 l Gemüsebrühe* |
| *2 EL Hoisin-Sauce · 1 EL Zucker · Vollmeersalz* |
| *frischgemahlener schwarzer Pfeffer · 1 EL Sesamöl* |

Die Lilienknospen sowie die Mu-err-Pilze separat mit heißem Wasser begießen und etwa 20 Minuten quellen lassen. Die Wasserkastanien in dünne Scheiben, den Tofu in 1 cm große Würfel schneiden. Die Schalotten schälen und hacken. Die Maiskölbchen sowie die Brunnenkresse waschen und separat abtropfen lassen. Die Lilienknospen ausdrücken und jede Knospe der Länge nach halbieren (eventuell harte Stiele entfernen). Die Mu-err-Pilze ausdrücken und in Streifen schneiden, dabei etwa 100 ml der Pilzflüssigkeit aufbewahren.

Das Erdnußöl im Wok erhitzen. Pilze, Lilienknospen und Tofuwürfel unter ständigem Rühren anbraten. Die Pilzflüssigkeit mit Hoisin-Sauce und Zucker verrühren. In den Wok geben und nach einigen Minuten mit Gemüsebrühe aufgießen. Wasserkastanien und Maiskolben hinzufügen, die Suppe pikant abschmecken und etwa 10 Minuten leise köcheln lassen. Kurz vor dem Servieren die Brunnenkresse einrühren und mit Sesamöl vollenden.

# *Asiatische Gemüseperle*

Ein pikanter Gemüseeintopf
für 4 bis 6 Personen:

*1 Packung Mu-err-Pilze, getrocknet*

*1 Bund Frühlingszwiebeln*

*etwa 2 cm frische Ingwerwurzel*

*3 Knoblauchzehen · 1 frische Chilischote*

*200 g gekräuterter Tofu*

*200 g Chinakohl · 1 1/2 l Gemüsebrühe*

*100 g Erbsen (TK-Ware)*

*1 Strang Glasnudeln · 2 EL Sojasauce*

*je 1 TL Zitronensaft und Sesamöl*

*frischgemahlener schwarzer Pfeffer*

Die Pilze mit kochend heißem Wasser begießen und etwa 20 Minuten quellen lassen. Die Frühlingszwiebeln putzen und in Streifen schneiden. Die Ingwerwurzel sowie die Knoblauchzehen schälen und hacken. Die Chilischote putzen, längs aufschlitzen, entkernen und fein würfeln. Den Tofu in gleichmäßig große Stücke schneiden. Die einzelnen Chinakohlblätter waschen, trockenschwenken und quer in 1 cm dicke Streifen schneiden. Die Mu-err-Pilze ausdrücken und in Streifen schneiden.

Die Gemüsebrühe im Wok aufkochen. Nach und nach die vorbereiteten Zutaten in die Brühe geben und etwa 5–8 Minuten garziehen lassen. Mit Sojasauce, Zitronensaft, Sesamöl und schwarzem Pfeffer abschmecken.

*Himmlisches Gemüse (Rezept siehe Seite 103)*

## *Zwiebelsuppe mit Kresse*

*4 Scheiben Vollkornbrot · 50 g Butter*

*4 große Zwiebeln · 4 Knoblauchzehen*

*5 EL Pflanzenöl*

*$^1/_8$ l Weißwein · 1 l Gemüsebrühe*

*1 TL gerebelter Majoran · Salz*

*frischgemahlener schwarzer Pfeffer*

*1 Kästchen Kresse*

Die Brotscheiben in 1 cm große Würfel schneiden. Die Butter in einer Pfanne heiß schäumend erhitzen und die Brotwürfel darin von allen Seiten rösten. Herausnehmen und in vier Suppenschalen verteilen.

Die Zwiebeln sowie die Knoblauchzehen schälen und in Streifen schneiden. Das Pflanzenöl im Wok erhitzen. Zwiebel- und Knoblauchstreifen darin etwa 5 Minuten dünsten. Weitere 5 Minuten dünsten und dabei nach und nach den Weißwein zugeben. Mit Gemüsebrühe aufgießen, aufkochen und mit Majoran, Salz und Pfeffer abschmecken. Die Kresse aus dem Kästchen schneiden, auf den Brotwürfeln verteilen und mit heißer Zwiebelsuppe begießen.

*Tip:* Sollten Sie frischen Majoran bekommen, so ist dieser natürlich dem getrockneten vorzuziehen.

# *Kartoffel-Bohnensuppe*

Eine europäische Suppe, die mit etwas Kreuzkümmel, Sternanis, Bockshornklee und einem Hauch gemahlener Muskatblüte orientalische Düfte annimmt.

*500 g Kartoffeln · 1 Bund Suppengrün*

*1 Zwiebel · 1/2 Bund Petersilie*

*5 EL Pflanzenöl · 1 Glas Weißwein*

*1/2 TL Wacholderbeeren · 1 l Gemüsebrühe*

*200 g Sahne · Salz*

*frischgemahlener schwarzer Pfeffer*

*1 Döschen Safran*

Die Kartoffeln schälen und in gleich große Würfel schneiden. Das Suppengrün putzen und kleinschneiden. Die Zwiebel schälen und hacken. Die Petersilie waschen, trockenschwenken und mit den Stielen sehr fein hacken. Das Pflanzenöl im Wok erhitzen. Unter ständigem Rühren Zwiebel- und Kartoffelwürfel andünsten und mit etwas Weißwein ablöschen. Die Wacholderbeeren im Mörser zerstoßen und einrühren. Mit Gemüsebrühe aufgießen und aufkochen. Salzen, pfeffern und so lange köcheln bis die Kartoffeln gar sind. Die Sahne mit dem Safran verrühren. Zusammen mit der Petersilie einrühren, nach Bedarf nochmals abschmecken.

# *Bunte Minestrone im Wok*

Ein kalter Abend, die Gäste sitzen rund um den Wok herum und es gibt eine warme wohlige Suppe, die mit ihrem saisonalen Frischeangebot glänzt.

*1 kleine Zwiebel · 1 Möhre · 1 Lauchstange*

*150 g Knollensellerie · 1 Kartoffel · 1 kleiner Zucchino*

*2 Stangen Bleichsellerie · 1 Bund Basilikum*

*4 EL Pflanzenöl · 1 EL Tomatenmark · $^1/_8$ l Rotwein*

*2 Gewürznelken · 1 Lorbeerblatt · 200 g weiße Bohnen*

*(aus dem Glas, vorzugsweise Borlotti-Bohnen)*

*frischer Rosmarin und Thymian*

*Salz · frischgemahlener schwarzer Pfeffer*

Das Gemüse putzen und soweit nötig schälen. Möglichst in gleich große, mundgerechte Stücke schneiden. Das Basilikum waschen, trockenschwenken, die Blättchen von den Stengeln zupfen und grob zerschneiden.

Das Pflanzenöl im Wok erhitzen. Zwiebeln, Möhren, Lauch, Sellerie sowie Bleichsellerie andünsten. Bohnen, Zucchini- und Kartoffelstücke einrühren. Das Tomatenmark mit Rotwein verrühren und dem Gemüse beifügen. Gewürznelken und Lorbeerblatt einlegen. Nach einigen Minuten mit etwa 1 l Wasser aufgießen. Mit Thymianblättchen, Rosmarinnadeln, Basilikum, Salz und Pfeffer abschmecken und nach dem ersten Aufkochen weitere 15 Minuten leise simmern lassen.

*Tip:* Dieser feine Gemüseeintopf ist in jeder Region Italiens ein wenig anders – je nachdem, was der Landstrich an Gemüse hervorbringt.

## *Scharfer Linseneintopf*

Für eine nette Wokrunde, mit Knoblauchbaguette, Bier und vielleicht einem Schnäpschen hinterher.

| Für 4 große oder 6 kleine Portionen: |
| --- |
| *500 g braune Linsen · 1 Bund Suppengrün · Salz* |
| *1 Lorbeerblatt · 2 Nelken · 1 Zwiebel* |
| *2 Knoblauchzehen · 1 große Möhre · 2 frische Chilischoten* |
| *4 EL Pflanzenöl · 1 EL Tomaten- oder Paprikamark* |
| *4 cl Tequila · 1 Lorbeerblatt* |
| *frischgemahlener schwarzer Pfeffer · 1 Hauch Cayennepfeffer* |
| *Saft von $^1/_2$ Zitrone · 1 Prise Zucker* |
| *1 Schuß Aceto Balsamico · 150 g saure Sahne* |

Die Linsen mit kaltem Wasser aufgießen und zugedeckt etwa 8 Stunden einweichen. Die Linsen dann in einem Sieb gründlich waschen und mit frischem Wasser zum Kochen aufstellen. Das Suppengrün säubern und kleinschneiden. Zusammen mit einer kräftigen Prise Salz, dem Lorbeerblatt und den Nelken zu den Linsen geben und etwa eine Stunde garen.

In der Zwischenzeit die Zwiebel, die Knoblauchzehen sowie die Möhre schälen und hacken. Die Chilischoten säubern, längs aufschlitzen, entkernen und fein würfeln.

Das Pflanzenöl im Wok erhitzen. Zwiebel-, Knoblauch-, Möhren- und Chiliwürfel unter Rühren andünsten. Das Tomatenmark beigeben und mit Tequila ablöschen. Die Linsen mit dem Kochsud dazugießen. Mit Salz, Pfeffer, Cayennepfeffer, Zitronensaft, Zucker und Aceto Balsamico pikant abschmecken.

Den Linsentopf bei kleiner Hitze weitere 15 Minuten köcheln lassen. Kurz vor dem Servieren die saure Sahne einrühren.

## *Weißer Gemüsetopf mit Weizenkleie*

*1 Zwiebel · 1 Kohlrabi · 250 g Blumenkohl*

*100 g Champignons · 4 EL Sojaöl*

*$1^1/_4$ l Gemüsebrühe · 50 g Weizenkleie*

*1 Spritzer Worcestershire Sauce*

*Salz · frischgemahlener weißer Pfeffer*

Die Zwiebel schälen und hacken. Den Kohlrabi schälen, in Scheiben schneiden und diese quer in Stifte. Den Blumenkohl putzen und in kleine Röschen teilen. Die Champignons häuten und vierteln.

Das Sojaöl im Wok erhitzen und die Zwiebelwürfel darin glasig andünsten. Nach und nach das restliche Gemüse mitdünsten und die Weizenkleie einstreuen. Mit Gemüsebrühe aufgießen und etwa 15 Minuten leise köcheln lassen. Zwischendurch mit Worcestershire Sauce, Salz und Pfeffer abschmecken.

*Tip:* Die Suppe nach Belieben mit gemahlenem Muskat, Fenchel oder frischen Kräutern abschmecken.

## *Gemüseallerlei mit Buchweizen*

Bei diesem Gemüseeintopf lacht das vollwertige Vegetarierherz – und der Gaumen kann gar nicht genug davon bekommen.

*100 g ganze Buchweizenkörner · 1 kleiner Zucchino*
*1/4 Aubergine (etwa 200 g)*
*je 1 grüne und 1 rote Paprikaschote*
*4 Fleischtomaten · 1 Zwiebel*
*2 Knoblauchzehen · 1 Bund glatte Petersilie*
*einige frische Thymian- und Basilikumblättchen*
*5 EL Pflanzenöl · 1 1/4 l Gemüsebrühe*
*Salz · frischgemahlener bunter Pfeffer*

Die Buchweizenkörner mit kaltem Wasser begießen und etwa 10 Minuten quellen lassen. Unter fließendem Wasser gründlich abspülen und abtropfen lassen. Den Zucchino sowie die Aubergine säubern, längs vierteln und quer in dünne Scheiben schneiden. Die Paprikaschoten säubern, vierteln, entkernen und in mundgerechte Stücke schneiden. Die Fleischtomaten blanchieren, häuten und grob würfeln. Die Zwiebel und die Knoblauchzehen schälen und hacken. Die Kräuter waschen, trockenschwenken, von den Stielen zupfen und hacken. Alle vorbereiteten Zutaten rund um den Wok stellen.
Das Pflanzenöl im Wok erhitzen. Die Buchweizenkörner unter ständigem Rühren leicht rösten. Zwiebel und Knoblauch einrühren und nach einigen Minuten das restliche Gemüse hinzufügen. Mit Gemüsebrühe aufgießen und nach dem ersten Aufkochen weitere 15 Minuten leise köcheln. Die Kräuter einrühren, leicht salzen und pfeffern.

*Tip:* 200 g geschlagene Sahne mit Currypulver und Kräutersalz abschmecken. Jede Gemüseportion mit einem Sahnehäubchen vollenden.

## Rote Samtsuppe mit Gerste

Die russische Suppe namens Borschtsch hat mich zu folgender samtiger Suppe animiert. Wie heißt es in Rußland: Laß mich in deinen Suppentopf schauen und ich weiß, wer du bist? Natürlich ein überzeugter Fleischloser!

*150 g Gerstenkörner · $1^1/_2$ l Gemüsebrühe*

*1 Bund Schnittlauch · 200 g saure Sahne*

*2 kleine rote Zwiebeln · 1 Gewürzgurke*

*300 g eingelegte rote Bete · 1 Möhre · 100 g Knollensellerie*

*$^1/_2$ Stange Lauch · 5 EL Pflanzenöl*

*$1^1/_4$ l Gemüsebrühe · 1 Prise gemahlener Kümmel*

*Salz · frischgemahlener schwarzer Pfeffer*

*1 Spritzer Aceto Balsamico · 1 Prise Zucker*

Die Gerstenkörner waschen und in die kochende Brühe rühren. Bei milder Hitze etwa 1 Stunde köcheln lassen. In der Zwischenzeit den Schnittlauch säubern, in Röllchen schneiden und unter die saure Sahne heben. Die Zwiebeln schälen und hacken. Die Gewürzgurke sowie die roten Bete separat in Stifte schneiden. Die Möhre und den Knollensellerie schälen und zusammen mit dem Lauch fein würfeln. Alle Zutaten und die Brühe um den Wok bereitstellen.
Im Wok das Pflanzenöl erhitzen. Die Gemüsewürfel unter Rühren darin glasig anschwitzen. Rote Bete hinzufügen und mit der Gemüsebrühe samt Gerstenkörnern aufgießen. Mit Kümmel, Salz, Pfeffer, Essig und Zucker abschmecken. Die

Gewürzgurkenstreifen einrühren und erst kurz vor dem Servieren die Schnittlauchsahne unterheben. Noch einmal abschmecken und in die Suppenschalen füllen.
*Tip:* Zusätzlich in die Suppe frische Sojabohnensprossen geben. Dazu schmeckt frisches Vollkornbaguette.

## *Spinatsuppe mit Sojabohnensprossen*

Frischen Spinat bekommt man nicht immer, aber verwenden Sie deshalb nicht gleich tiefgekühlten Spinat. Halten Sie vielmehr Ausschau nach einem frischen Ersatz wie beispielsweise Mangold, Pak Choi, Chinakohl oder Römersalat.

*150 g Sojabohnensprossen · Saft von 1/2 Zitrone*
*2 EL dunkle Sojasauce · 250 g frischer Spinat*
*1 kleine Zwiebel · 2 Knoblauchzehen*
*2 EL Pflanzenöl · Salz · frischgemahlener schwarzer Pfeffer*
*1 l Gemüsebrühe · 100 ml Reiswein*

Die Sojabohnensprossen waschen und in einem Sieb abtropfen lassen. Mit Zitronensaft und Sojasauce beträufeln. Die Spinatblätter verlesen, waschen und in breite Streifen schneiden. Die Zwiebel sowie die Knoblauchzehen schälen und hacken.
Das Pflanzenöl im Wok erhitzen. Unter ständigem Rühren Zwiebel und Knoblauch glasig andünsten. Die Spinatstreifen einstreuen, salzen, pfeffern und mit Gemüsebrühe und Reiswein aufgießen. Nach dem ersten Aufkochen die Sojabohnensprossen einrühren. Nochmals abschmecken und servieren.

*Tip:* Dazu chinesisches Knabbergebäck, das in gut sortierten Lebensmittelgeschäften erhältlich ist, servieren.

## *Austernpilzsuppe mit Kartoffeln*

Ein eurasisches Süppchen, in dem Chinakohl, Sojasauce, Kartoffeln und Pilze eine wohlschmeckende Liaison eingehen.

| |
|---|
| *300 g Austernpilze · 1 Zwiebel · 1 Lauchstange* |
| *$^1/_2$ Bund Petersilie · 300 g Kartoffeln* |
| *300 g Chinakohl · 2 EL Pflanzenöl · $1^1/_4$ l Gemüsebrühe* |
| *Sojasauce nach Belieben* |
| *Salz · frischgemahlener schwarzer Pfeffer* |

Die Austernpilze in Streifen schneiden, waschen und mit Küchenkrepp trockentupfen. Die Zwiebel schälen und hacken. Die Lauchstange der Länge nach halbieren, zwischen den Blattschichten waschen und in Streifen schneiden. Die Petersilie waschen, trockenschwenken, von den Stielen zupfen und hacken. Die Kartoffeln schälen, in 1 cm große Würfel schneiden und in kaltes Wasser legen. Den Chinakohl entblättern, waschen und in Streifen schneiden.

Das Pflanzenöl im Wok erhitzen. Zwiebelwürfel und Lauchstreifen unter Rühren glasig andünsten. Die Pilzstreifen einrühren, mit Sojasauce beträufeln, salzen und pfeffern. Kartoffelstücke hinzufügen und nach einigen Minuten mit Gemüsebrühe aufgießen. Nach dem ersten Aufkochen 15 Minuten ziehen lassen. Die Chinakohlstreifen sowie die Petersilie einrühren. Nochmals abschmecken und etwa 5 Minuten leise köcheln.

*Tip:* Je nach Saison frische Champignons, Egerlinge oder gemischte Pilze verwenden.

## *Reissäckchen in der Brühe*

In der Vorbereitung ein klein wenig aufwendig, aber für die Gäste ein schmackhafter Augenschmaus.

| |
|---|
| *8 Chinakohlblätter · Salz · 400 g gekochter Reis* |
| *1 Döschen Safran · frischgemahlener schwarzer Pfeffer* |
| *1 Bund Schnittlauch · 1 ½ l Gemüsebrühe* |
| *2 EL Sojasauce · 2 EL Reiswein · 1 EL Sesamöl* |

Die Chinakohlblätter in kochendes Salzwasser legen und 1 knappe Minute blanchieren. Herausnehmen, trockentupfen, die dicken Blattrippen entfernen und auf einer Arbeitsplatte auslegen. Den gekochten Reis mit Safran, Salz und Pfeffer abschmecken. Den Schnittlauch säubern. Den Reis in die Blättermitte der Chinakohlblätter verteilen. Die Blattränder nach oben schlagen, wie zu einem Säckchen drehen und mit je zwei Schnittlauchstengeln zubinden. Den restlichen Schnittlauch in Röllchen schneiden.

Die Gemüsebrühe mit Sojasauce, Reiswein, Salz und Pfeffer würzen. Einige Male aufkochen und bei zurückgedrehter Hitze die Chinakohlsäckchen einsetzen. Mit Schnittlauch bestreuen und servieren.

*Tip:* Die Füllung je nach Gusto mit verschiedenem gehackten Gemüse ergänzen.

## *Hirsebällchen in Sherrybrühe*

Ein feines Geschmackserlebnis, bei dem überzeugte Fleischesser einen köstlichen Einblick in die fleischlose Küche bekommen.

| |
|---|
| *250 g frische Shiitake-Pilze* |
| *1/2 Bund gemischte Kräuter* |
| *(Petersilie, Dill, Kerbel, Schnittlauch, Pimpernelle usw.)* |
| *150 g Magerquark* |
| *80 g zimmerwarme Butter · 2 Eier, getrennt* |
| *200 g Hirseflocken · Vollmeersalz* |
| *1 Hauch gemahlene Muskatblüte (oder Muskatnuß)* |
| *1 l Gemüsebrühe* |
| *100 ml Sherry oder Reiswein* |

Die Shiitake-Pilze putzen, dabei die Pilzstiele abschneiden und die Köpfe in Scheiben schneiden. Die Kräuter waschen, trockenschwenken und ganz fein hacken. Den Magerquark mit der Butter, den Kräutern und 2 Eigelben cremig schlagen. Die Hirseflocken, Salz und Muskatnuß einrühren. Abdecken und etwa 20 Minuten ruhen lassen. Das Eiweiß zu steifem Schnee schlagen und unter die Hirsemasse rühren. Nochmals abschmecken und mit feuchten Händen gleich große Bällchen formen.

Die Gemüsebrühe mit Sherry aufkochen. Die Hirsebällchen einlegen und bei milder Hitze etwa 10 Minuten ziehen lassen. Die Shiitake-Pilze zugeben, nochmals abschmecken und servieren.

*Tip:* Eine Woksuppenparty, ähnlich einer Fonduesuppenparty, organisieren. Sie stellen die Brühe und jeder Gast soll eine Einlage mitbringen. Von Hirsebällchen über Nudeln und Gemüse bis hin zu Nudelsäckchen.

# Vollwertige Sattmacher mit Getreide & Co.

## *Gemischte Pilzpfanne mit Kresse*

Eine eurasische Kombination, die hält was sie verspricht: Asiatischer Gaumenkitzel auf europäischem Fundament.

| |
|---|
| *8 Maronen (Eßkastanien) · 4 Mu-err-Pilze, getrocknet* |
| *250 g frische Champignons* |
| *100 g Strohpilze (aus der Dose)* |
| *1 Zwiebel · 2 Knoblauchzehen* |
| *1 Bund Brunnenkresse · 4 EL Sonnenblumenöl* |
| *1/8 l Gemüsebrühe · 100 g Sahne* |
| *300 g gekochter Vollkornreis (vom Vortag) · Vollmeersalz* |
| *frischgemahlener schwarzer Pfeffer* |
| *Sojasauce nach Belieben* |

Den Backofen auf 180 °C vorheizen. Die Maronen kreuzweise einschneiden und in den Backofen legen. Die Mu-err-Pilze mit kochend heißem Wasser begießen und quellen lassen. Die Maronen nach etwa 10 Minuten herausnehmen, schälen und hacken. Die Mu-err-Pilze ausdrücken und in Streifen schneiden. Die Champignons säubern und vierteln. Die Strohpilze in einem Sieb gut abtropfen lassen. Die Zwiebel sowie die Knoblauchzehen schälen und fein würfeln. Die Brunnenkresse waschen und mit Küchenkrepp trockentupfen. Das Sonnenblumenöl im Wok erhitzen und darin Zwiebel und Knoblauch unter Rühren andünsten. Nach und nach die vorbereiteten Pilze mitbraten. Die Gemüsebrühe und die Sahne angießen. Vollkornreis sowie Maronenstücke vorsichtig unterheben – dabei mit Vollmeersalz, Pfeffer und Sojasauce würzen. Zuletzt die von den Stengeln gezupfte Brunnenkresse beimengen und sofort servieren.

*Tip:* Sollten Sie keine Brunnenkresse bekommen, so verwenden Sie ein Kästchen Gartenkresse.

## *Gemischte Gemüse mit Sprossen*

Bummeln Sie über den Wochenmarkt und kaufen Sie vom frischen Angebot und wonach Ihnen gelüstet. Dieses Rezept funktioniert auch hervorragend, wenn Sie die Gemüsezutatenliste nach ihren Bedürfnissen verändern.

*1 Stange Lauch · 1 große Möhre · 1 Zwiebel*

*3 Knoblauchzehen · 250 g Brokkoli*

*1 Fenchelknolle · 1 Zucchino · 1 cm frische Ingwerwurzel*

*4 EL Pflanzenöl · Sojasauce nach Belieben*

*Kräutersalz · frischgemahlener schwarzer Pfeffer*

*1–2 EL süß-saure Chilisauce (Fertigprodukt)*

*1 Handvoll Alfalfasprossen · 1 Handvoll Mungokeimlinge*

Den Lauch der Länge nach halbieren, säubern und quer in feine Streifen schneiden. Die Möhre schaben und in dünne Scheibchen schneiden. Die Zwiebel sowie die Knoblauchzehen schälen und hacken. Den Brokkoli putzen und in Röschen teilen. Die Fenchelknolle säubern, vierteln und quer in Streifen schneiden. Den Zucchino längs vierteln und quer in Scheiben schneiden. Ingwer schälen und hacken. Das Sonnenblumenöl im Wok erhitzen. Zuerst Zwiebel und Knoblauch mit dem Ingwer andünsten. Nach und nach unter ständigem Pfannenrühren die Gemüse anbraten. Mit Sojasauce, Salz, Pfeffer und mit Chilisauce pikant abschmecken. Alfalfasprossen und Mungobohnenkeimlinge unterheben und sofort servieren.

*Tip:* Besonders im Winter, wenn die Jagd nach Vitaminen angeht, sind die selbstgezogenen Sprossen als wahre Vitaminbomber sehr beliebt. Die Arbeit ist gleich null, und nach 2–3 Tagen, je nach Sorte Ihrer Sprossen, ist die Ernte angesagt. Diese wertvollen Vitamine nicht verschleudern, sondern, wie hier, erst kurz vor dem Essen unter das Gericht heben. Zudem ergeben die unterschiedlichsten Sprossen eine sehr gute Würzung.

# *Kartoffel-Eier-Pfanne mit Walnüssen*

Eine bunt gemischte Kartoffelpfanne, die Abwechslung in die Reis- und Nudelküche bringt. Die Kartoffeln sollten bereits einen Tag vorher gekocht werden, damit sie im Wok nicht kleben bleiben. Die Kartoffelwürfel im Wok locker vermengen, nicht allzu heftig rühren, da sie ansonsten vermusen.

*1 kg gekochte Kartoffeln vom Vortag*

*1 Bund Frühlingszwiebeln · 1/2 Bund glatte Petersilie*

*50 g Walnußkerne · 4 EL Sonnenblumenöl*

*1 EL Butter · Salz · frischgemahlener schwarzer Pfeffer*

*edelsüßes und rosenscharfes Paprikapulver*

*1 kräftige Prise Kümmel · 4 Eier · 4 EL Milch*

Die Kartoffeln schälen und in 1 cm große Würfel schneiden. Die Frühlingszwiebeln putzen und hacken. Die Petersilie waschen, trockenschwenken, von den Stengeln zupfen und hacken. Die Walnußkerne grob hacken. Das Sonnenblumenöl im Wok erhitzen. Die Frühlingszwiebeln unter Rühren andünsten, Butter und Kartoffelwürfel zugeben. Die Kartoffeln von allen Seiten gut anbräunen und dabei mit Salz, Pfeffer, Paprikapulver und Kümmel würzen. Die Walnüsse einstreuen. Die Eier mit der Milch sowie mit der Petersilie verquirlen und über die Kartoffelpfanne gießen. Kurz stocken lassen, zügig vermengen und sofort servieren.

*Tip:* Mit Tomatenstreifen, Sojabohnensprossen und Sonnenblumenkernen variieren. Sofort entsteht ein neues Geschmackserlebnis.

## *Gebratener Tofu auf Apfel-Möhren-Chutney*

Das Apfel-Möhren-Chutney auf Vorrat zubereiten. Bei spontanen Wokgenüssen kann man gar nicht genug selbsthergestellte Chutneys auf Vorrat haben.

| FÜR DAS APFEL-MÖHREN-CHUTNEY: |
|---|
| *250 g Möhren · 500 g Äpfel (vorzugsweise Boskop)* |
| *Saft von 1 Orange und 1 Zitrone* |
| *2 cm frische Ingwerwurzel · 1 frische Chilischote* |
| *1 EL Butter · 150 g brauner Rohrzucker* |
| *$^1/_8$ l Weißweinessig · 100 g Maiskörner (Dose)* |
| *Salz · frischgemahlener schwarzer Pfeffer* |
| *1 TL scharfer Senf · $^1/_2$ TL gemahlene Kurkuma* |
| FRITIERTER TOFU: |
| *600 g Tofu · 3 EL dunkle Sojasauce · 2 Eigelb* |
| *Paniermehl zum Wenden* |
| *$^1/_8$ l Sonnenblumenöl (bei einem beschichteten Wok* |
| *weit weniger Öl)* |

Die Möhren schaben und klein würfeln. Die Äpfel schälen, entkernen und das Fruchtfleisch passend zu den Möhren schneiden. Beides mit Orangen- und Zitronensaft vermengen. Die Ingwerwurzel schälen und hacken. Die Chilischote putzen, entkernen und ebenfalls hacken. Butter in einem Topf erhitzen. Ingwer und Chili kurz andünsten, dann Möhren- und Apfelstücke einrühren. Nach etwa 2 Minuten den Zucker hinzufügen und diesen unter fortwährendem Rühren schmelzen. Mit Essig aufgießen und die restlichen Zutaten einrühren. Süß-säuerlich abschmecken und weitere 5 Minuten dünsten.

Für die gebratenen Tofustücke ein Schüsselchen lauwarmes Chutney beiseite stellen. Den Rest in Einmachgläser abfüllen oder in eine Schüssel geben, in den Kühlschrank stellen und innerhalb einer Woche aufbrauchen.
Den Tofu in gleich große, mundgerechte Stücke schneiden. Sojasauce mit den Eigelben verquirlen. Die Tofustücke zuerst in die Eimischung tauchen und dann in Paniermehl wenden. Das Öl im Wok erhitzen. Die Tofustücke portionsweise von allen Seiten goldgelb braten.
*Tip:* Dieses Rezept ist einfacher, wenn Sie Ihren Wok am Herd benützen. Die gebratenen Tofustücke auf einer Servierplatte anrichten und im Backofen warm halten, bis alle fertig sind. Diese Tofustücke als »Fingerfood« mit Spießchen servieren. Dazu in kleinen Schüsseln das Chutney zum Dippen bereitstellen.
*Tip:* Im Winter frische Datteln vom Markt kleinschneiden und das Chutney damit geschmacklich abändern.

## *Marinierter Tofu*

*500 g Tofu · 1 frische Chilischote*

*Saft von 1/2 Orange und 1/2 Zitrone · 1 TL Zucker*

*2 EL dunkle Sojasauce · 1 EL Worcestershire Sauce*

*frischgemahlener schwarzer Pfeffer*

*1 Zucchino · 1 rote Paprikaschote · 1 große Zwiebel*

*6–8 EL Erdnußöl · 50 g Sesamsaat (Körner)*

*Vollmeersalz*

Den Tofu in gleich große Würfel schneiden und einzeln in eine Schüssel legen. Die Chilischote säubern, entkernen und hacken. Zusammen mit Orangen- und Zitronensaft, Zucker,

*Chinesische Gemüsepfanne* *(Rezept siehe Seite 117)*

Sojasauce und Worcestershire Sauce verrühren. Mit den Tofuwürfeln locker vermengen und ruhen lassen.
Den Zucchino waschen, längs vierteln und in dünne Scheibchen schneiden. Die Paprikaschote säubern, vierteln, entkernen und in Streifen schneiden. Die Zwiebel schälen, halbieren und ebenfalls in Streifen schneiden.
Die Hälfte des Erdnußöls im Wok erhitzen. Das vorbereitete Gemüse scharf anbraten und herausnehmen. Den Rest Erdnußöl eingießen, die Tofuwürfel leicht abtupfen, mit Sesamsaat panieren und in den heißen Wok geben. Portionsweise rundherum knusprig braten. Zuletzt Tofuwürfel, Gemüse und die Marinierflüssigkeit im Wok locker vermengen. Nach Bedarf nochmals abschmecken.

## *Grünkern mit Kräutern*

Eine bunte, vollwertige Gemüsepfanne, die beliebig variiert und ergänzt werden kann.

| |
|---|
| *1/4 l Gemüsebrühe · 100 g ganze Grünkernkörner* |
| *1 Bund Koriandergrün (ersatzweise Petersilie)* |
| *250 g Maiskörner (aus der Dose)* |
| *1 große Möhre · 1 große Zwiebel* |
| *je 1 rote, grüne und gelbe Paprikaschote* |
| *4 EL Sojaöl · 2 EL Sherry oder Reiswein · Vollmeersalz* |
| *frischgemahlener schwarzer Pfeffer* |
| *Sojasauce oder Gomasio (Sesamsalz) nach Belieben* |

Die Gemüsebrühe aufkochen, Grünkern einstreuen und zugedeckt bei milder Hitze etwa 1/2 Stunde garen. Das Koriandergrün waschen, trockenschwenken, von den Stielen

zupfen und hacken. Die Maiskörner in einem Sieb abtropfen lassen. Möhre und Zwiebel schälen und beides fein würfeln. Die Paprikaschoten säubern, vierteln, entkernen und in Streifen schneiden.
Das Sojaöl im Wok stark erhitzen. Zwiebel und Möhre unter Rühren glasig dünsten. Paprikastreifen einrühren und einige Minuten pfannenrühren. Mit Sherry beträufeln, Mais und Koriandergrün einrühren. Nach und nach den Grünkern aus dem Topf hinzufügen. Salzen, pfeffern und mit Sojasauce oder/und Gomasio abschmecken.
*Tip:* Mit frischem Vollkorn-Butterbrot genießen.

# Gemüse – hübsch verpackt und raffiniert gekocht

## *Wan Tan mit Gemüsefüllung*

*250 g Mehl · $^1/_8$ l lauwarmes Wasser*
*3 Stück Mu-err-Pilze, getrocknet*
*400 g Gemüsewürfelchen, bestehend aus Möhre, Lauch, Sellerie und Zucchino · 3 EL dunkle Sojasauce*
*1 EL Reiswein (ersatzweise Sherry)*
*Salz · schwarzer Pfeffer*

FÜR DIE ARBEITSFLÄCHE:
*Mehl*

FÜR DIE GARNITUR:
*etwa 20 dünn geschnittene Lauchstreifen von etwa 8 cm Länge*

Das Mehl auf die Arbeitsfläche sieben und mit $^1/_8$ l lauwarmem Wasser zu einem elastischen Teig verkneten. Diesen in ein feuchtes Tuch wickeln und etwa 20 Minuten ruhen lassen. Die Mu-err-Pilze mit heißem Wasser begießen und etwa 10 Minuten quellen lassen. Die Gemüsewürfel in einer Schüssel mit Sojasauce, Reiswein, Salz und Pfeffer locker vermengen. Die Pilze fest ausdrücken, fein hacken und unter das Gemüse mengen. Den Teig auf einer bemehlten Arbeitsfläche durchkneten, zu einer Rolle formen und diese in 16 bis 20

Stücke schneiden. Jede Teigscheibe dünn und fast handgroß auswellen und mit einem TL Gemüsefüllung belegen. Die Teigränder nach oben heben, zu einem Säckchen drehen und zusammendrücken. Jedes Täschchen mit einem Lauchstreifen zubinden und dabei die Teigränder locker überhängen lassen. Im Wok soviel Wasser aufkochen, daß die Fläche des Siebeinsatzes nicht naß wird. Die Nudelteigtäschchen mit etwas Abstand auf den Siebeinsatz reihen und den Wokdeckel aufsetzen. Die Garzeit beträgt etwa 10 Minuten.
*Tip:* Zum Dippen verschiedene asiatische Saucen, eine süßsaure Chilisauce oder eine Pflaumensauce servieren.

## *Gedämpfte Hefeteigkrapfen mit Bohnenpaste*

*500 g Mehl · 1/4 l lauwarmes Wasser*

*1 frischer Hefewürfel (42 g) · 1 TL Zucker*

ZUM FÜLLEN:

*200 g süße Bohnenpaste (Fertigprodukt) oder*

*200 g rote Bohnen, die mit 100 ml Wasser und*

*50 g Zucker verkocht und püriert wurden*

Das Mehl in eine Schüssel sieben und in der Mitte eine Vertiefung formen. Das Wasser eingießen, Hefe einbröckeln und mit Zucker verrühren. Den Vorteig mit etwas Mehl vom Rand bestäuben, mit einem Tuch abdecken und etwa 15 Minuten ruhen lassen. Den Vorteig mit dem restlichen Mehl zu einem elastischen Hefeteig kneten, in ein feuchtes Tuch wickeln und erneut für etwa 1/2 Stunde ruhen lassen. Den Hefeteig auf einer bemehlten Arbeitsfläche zu einer Rolle formen und in etwa 20 Scheiben schneiden. Die Teigstücke zu runden Platten aus-

wellen. Je ein Teigplättchen in die Hand nehmen, mit etwas Füllung belegen und die Ränder hochdrehen. Einen Siebeinsatz mit einem feuchten Tuch auslegen und die gefüllten Hefeteigkrapfen daraufsetzen. Im Wasserbad etwa 15 Minuten dämpfen.
*Tip:* Diese leckeren Hefeteigkrapfen lassen sich mit beliebig bunten Gemüsemischungen füllen. Servieren Sie dazu verschiedene Dipsaucen.

## *Tofu mit Gemüsen*

*2 Frühlingszwiebeln · 2 Knoblauchzehen*

*1 kleiner Zucchino · 1 Möhre · 400 g Tofu*

*4 EL Pflanzenöl · 2 EL Bohnenpaste (Fertigprodukt)*

*2 EL Reiswein · 2 EL dunkle Sojasauce*

*150 ml Gemüsebrühe · Salz · schwarzer Pfeffer*

*50 g Cashewkerne · 1 TL Maisstärke*

Die Frühlingszwiebeln putzen, fein würfeln und das Grün in schmale Ringe schneiden. Die Knoblauchzehen schälen und durch eine Presse drücken. Die Zucchino säubern, die Möhre schälen. Beide Gemüse in längliche Scheiben und quer in schmale Streifen schneiden. Den Tofu in gleich große Würfel von etwa 2 Zentimetern schneiden.
Das Pflanzenöl im Wok erhitzen. Das vorbereitete Gemüse unter ständigem Rühren andünsten. Nach einigen Minuten die Tofuwürfel vorsichtig unterheben. Die Bohnenpaste mit Reiswein, Sojasauce sowie mit der Gemüsebrühe verrühren. Über das Gemüse gießen und das Ganze bei schwacher Hitze einige Minuten schmoren. Salzen, pfeffern und die Cashewkerne beimengen. Zuletzt die Maisstärke mit

2 EL Wasser glattrühren und das Gemüsegericht damit binden.
*Tip:* Die Tofuwürfel in 5 EL Erdnußöl bei hoher Hitze von allen Seiten braten. Das Gemüse andünsten und die gebratenen Tofuwürfel kurz vor dem Servieren vorsichtig unterheben. Dazu ein Gläschen lauwarmen Pflaumenwein genießen.

## Gefüllte Pfannkuchen

Das Wokerlebnis mit Gästen am Tisch bedarf einer Vorbereitung der Pfannkuchen, die wie die anderen Zutaten rund um den Wok gestellt werden. Anbei das Rezept für die europäischen Pfannkuchen, die mit asiatischen Genüssen gefüllt werden.

| Für 8 dünne Pfannkuchen: |
|---|
| *250 g Mehl · Salz · 3 Eier · 1/2 l Milch* |
| *80–100 g Butter · 400 g Zuckerschoten · 100 g Radieschen* |
| *4 EL Sonnenblumenöl · etwa 4 EL Sojasauce* |
| *2–3 EL Reiswein (ersatzweise Sherry)* |
| *frisch gemahlener schwarzer Pfeffer · 1 TL Sesam* |

Mit einem elektrischen Handrührgerät aus Mehl, Salz, Eiern und Milch einen dickflüssigen Pfannkuchenteig herstellen. In einer Pfanne portionsweise acht dünne Pfannkuchen backen. Die Pfannkuchen abdecken und bis zum Gebrauch im Backofen warm halten.
Die Zuckerschoten putzen, entfädeln und halbieren. Die Radieschen waschen, in dünne Scheiben und dann in Stifte schneiden. Einige Radieschenblätter waschen, trockenschwen-

ken und fein schneiden. Das Sonnenblumenöl im Wok erhitzen. Die Zuckerschoten andünsten, Radieschenstifte einrühren und mit Sojasauce, Reiswein, Salz und Pfeffer würzen. Kurz vor dem Servieren Sesam und Radieschenblätterstreifen unterheben. Jeder Gast nimmt sich einen lauwarmen Pfannkuchen und füllt ihn mit etwas Gemüse.

*Tip:* Die Pfannkuchen sind ideale Sättigungsbeilagen, die anstelle von Reis, Kartoffeln oder Nudeln für jedes andere Rezept verwendet werden können.

## *Orangen mit Tofufüllung*

Das nicht benötigte Orangenfleisch in kleine Würfel schneiden und für einen Obstsalat zum Dessert verwenden.

| |
|---|
| *4 unbehandelte Orangen · 250 g Tofu* |
| *4 EL Sojasauce · $^1/_2$ Bund Petersilie* |
| *250 g Sojabohnensprossen* |
| *100 g Maiskörner (aus der Dose)* |
| *etwa 50 ml Erdnußöl* |
| *50 g Mungochutney (Fertigprodukt)* |
| *Salz · frischgemahlener schwarzer Pfeffer* |

Die Orangen waschen, trockenreiben und halbieren. Das Fruchtfleisch vorsichtig herausnehmen. Die Schalen mit einer Gabel oder einem Messer leicht anpieksen.

Den Tofu klein würfeln und mit Sojasauce beträufeln. Die Petersilie waschen, trockenschwenken, von den Stielen zupfen und hacken. Die Sojabohnensprossen waschen und zusammen mit den Maiskörnern abtropfen lassen.

Etwas Erdnußöl im Wok stark erhitzen. Die Tofustücke einlegen, unter fortwährendem Pfannenrühren von allen Seiten etwa 1 Minute braten und herausnehmen. In den Bratensatz etwas Erdnußöl gießen. Sojabohnensprossen und Maiskörner andünsten. Mit etwas Reiswein ablöschen, das Mungochutney und ein paar Tropfen Orangensaft einrühren. Salzen, pfeffern und die Petersilie sowie die Tofustücke unterheben. Nach Bedarf nochmals abschmecken und auf 4 Orangenhälften verteilen, die anderen 4 Hälften als Deckel fest aufdrücken. Den Wok mit Küchenkrepp ausreiben und das restliche Erdnußöl eingießen. Die gefüllten Orangen in das heiße Fett setzen. Den Wok mit einem Deckel verschließen und die Orangen knapp 5 Minuten schmoren. Mit einer Schaumkelle herausnehmen, öffnen und genießen.
*Tip:* Der Tofu schmeckt in dieser Zutatenkombination besonders fein. Bieten Sie die gefüllten Orangen als dekorativen Gag an einem Wokabend als Vorspeise an.

## *Kokoscurry in der Ananas*

Eines meiner Lieblingsrezepte, das in einer natürlich formgebenden und dazu noch sehr wohlriechenden Schale serviert wird.
Wählen Sie zwei gleich große Ananasfrüchte mit einem schönen Blattschopf aus. Beim Kauf sollten Sie unbedingt an der Ananas riechen. Eine Ananas, die nicht duftet, sollte man entweder nicht kaufen oder ein paar Tage zuhause liegen lassen. Erst verspeisen, wenn sie die Riechprobe besteht.

| |
|---|
| *2 Ananas · 1 Stengel Zitronengras* |
| *1 Zwiebel · 2 Knoblauchzehen* |
| *1 cm frische Ingwerwurzel · 1 frische Chilischote* |
| *250 g Okraschoten (ersatzweise Bohnen)* |
| *250 g Sojabohnensprossen* |
| *500 g Möhren, Sellerie und Lauch* |
| *4 EL Sonnenblumenöl* |
| *1/2 TL gemahlene Kurkuma (Gelbwurz)* |
| *100 g Kokosnußcreme · 1/4 l Gemüsebrühe · Salz* |
| *frischgemahlener schwarzer Pfeffer* |
| *1/2 Bund Koriandergrün* |
| *(ersatzweise Petersilie) · Kokosraspeln* |

Die beiden Ananas der Länge nach halbieren und das Fruchtfleisch vorsichtig herauslösen. Für das Curry nur etwa 200 g kleingewürfeltes Ananasfleisch und ein paar Löffel Saft verwenden. Das Zitronengras säubern und klein schneiden. Das Koriandergrün waschen, trockenschwenken, von den Stielen zupfen und hacken.
Zwiebel, Knoblauchzehen sowie das Ingwerstück schälen und

fein hacken. Die Okraschoten putzen, die Sojabohnensprossen waschen und in einem Sieb abtropfen lassen. Möhren und Sellerie schälen und in dünne Stifte schneiden. Den Lauch der Länge nach halbieren, waschen und quer in Streifen schneiden. Das Sonnenblumenöl im Wok erhitzen. Zwiebeln, Knoblauch und Ingwer andünsten. Nach und nach das vorbereitete Gemüse mitbraten. Kurkuma darüberstreuen und mit etwas Ananassaft befeuchten. Die Kokosnußcreme mit einem Messer in die Gemüsebrühe schaben und das Wokgemüse begießen. Salzen, pfeffern und das Ananasfleisch einrühren. Nochmals abschmecken, mit Zitronengras verfeinern und in die 4 Ananashälften füllen. Mit Kokosraspeln und Koriandergrün bestreuen.

*Tip:* Das restliche Ananasfruchtfleisch für Ananas mit Honig zum Dessert verwenden.

## *Fritierte Auberginen mit Avocadomus*

Ein Rezept, das vorzugsweise in der Friteuse zubereitet werden sollte. Doch gibt es genügend Haushalte, die über solch ein Gerät nicht verfügen, daher ist der Wok ein gute Alternative. Beim Fritieren wird entsprechend viel Fett gebraucht, damit die zu fritierenden Lebensmittel schwimmend herausgebacken werden können. Mein Tip: Das Fett erkalten lassen und am nächsten Tag für Krapfen, Apfelkücherl oder für ein anderes Rezept verwenden.

*1 kg Auberginen · Salz*

*100 g Mehl · 50 g Maismehl · 1 Päckchen Backpulver*

*$^1/_8$ l lauwarmes Wasser*

*1 kg Kokosfett oder Pflanzenöl · $^1/_2$ Bund Koriandergrün*

*(ersatzweise Petersilie) · 2 weiche Avocados*

*Saft von 1 Zitrone · 100 g saure Sahne*

*frischgemahlener schwarzer Pfeffer*

*edelsüßes und rosenscharfes Paprikapulver*

Die Auberginen waschen, der Länge nach halbieren und quer in dünne Scheiben schneiden. Salzen und etwa $^1/_2$ Stunde auf Küchenkrepp entwässern lassen. Mehl, Maismehl sowie Backpulver mit einer Prise Salz versieben. Mit einem elektrischen Handrührgerät das durchgesiebte Mehl mit etwa $^1/_8$ l lauwarmem Wasser zu einem dickflüssigen Teig verrühren und etwas ruhen lassen. In der Zwischenzeit das Koriandergrün waschen, trockenschwenken, von den Stielen zupfen und hacken. Die Avocados schälen, klein schneiden und mit dem Zitronensaft sowie der sauren Sahne im Mixer pürieren. Die Avocadocreme mit Salz, Pfeffer, den beiden Paprikasorten und

dem Koriandergrün abschmecken. Bis zum Gebrauch abdecken.
Das Fett in den Wok gießen und siedend heiß erhitzen. Die Auberginenscheiben einzeln durch den Teig ziehen, abtropfen lassen und portionsweise goldgelb fritieren.
Jeder Gast hat auf seinem Teller eine Papierserviette liegen, damit die fritierten Auberginenscheiben etwas entfetten. Dazu die Avocadocreme reichen.
*Tip:* Verschiedene Gemüse und genügend Teig bereitstellen. Jeder Wokgast taucht seine Gemüsestückchen in das heiße Fett.

## Fritierte gemischte Gemüse

Dieses Rezept ist besonders delikat und ähnelt dem japanischen Tempura.

| |
|---|
| *1 bis 1 1/2 kg Gemüse Ihrer Wahl (Brokkoli- und* |
| *Blumenkohlröschen, Fenchel, Zucchini,* |
| *Salatgurke, Frühlingszwiebeln, Champignons, Shiitake-Pilze,* |
| *Zuckerschoten, Petersilienbüschel, Paprikaschoten)* |
| *2 cm frische Ingwerwurzel* |
| *Sojasauce nach Belieben · 300 ml eiskaltes Wasser* |
| *1 l Fritierfett oder Erdnußöl* |
| *6 Eier · 150 g Mehl · 100 g Speisestärke* |

Das Gemüse nach Bedarf schälen, waschen und in mundgerechte, gleich große Stücke schneiden. Die Gemüsebissen einzeln auf Vorlegeplatten anrichten. Die Ingwerwurzel schälen und in vier Saucenschälchen schaben. Mit Sojasauce übergießen und für jeden Essensgast neben dem Wok bereitstellen.

Das Fritierfett in den Wok geben und auf einer Herdplatte erhitzen. Sobald das Fett den Siedepunkt erreicht hat, den Wok auf den Tisch mit entsprechender Wärmequelle stellen.
Aus 2 Eiern, Mehl, Speisestärke und dem eiskalten Wasser mit einem elektrischen Handrührgerät einen dünnflüssigen Teig rühren. Die vier Eier einzeln verquirlen.
Jeder Wokteilnehmer taucht Gemüsestücke seiner Wahl in den Teig und läßt sie in dem heiß siedenden Fett knusprig werden. Je nach Geschmack die fritierten Gemüsestücke in die Ingwer-Sojasauce oder in verquirltes Ei dippen.
*Tip:* Dazu lauwarmen Sake (japanischer Reiswein) servieren. In Japan reicht man zu Tempura Bier als Tischgetränk.

## *Weißkohl mit Sesam*

Essen Sie dazu Vollreis und süß-saure Chilisauce. Als Getränk bietet sich gewärmter Pflaumenwein an.

| |
|---|
| *1 kleiner Weißkohl · 1 Zwiebel · 2 frische Chilischoten* |
| *8 EL Pflanzenöl · 50 g Sesamkörner* |
| *Salz · frischgemahlener schwarzer Pfeffer* |
| *5 EL Reiswein (ersatzweise Sherry)* |
| *Sojasauce nach Geschmack · 2 EL Weißweinessig* |

Den Weißkohl vierteln, den Strunk entfernen und die Blätter in feinste Streifen hobeln oder schneiden. Die Zwiebel schälen und in Streifen schneiden. Die Chilischoten säubern, entkernen und fein würfeln.
Das Pflanzenöl im Wok stark erhitzen und die Sesamkörner rösten. Chiliwürfel sowie die Kohl- und Zwiebelstreifen einrühren. Unter Pfannenrühren mit Salz, Pfeffer, Reiswein, So-

jasauce sowie mit Weißweinessig abschmecken. Die Garzeit beträgt knappe 10 Minuten.
*Tip:* Das Kohlgemüse schmeckt aufgewärmt oder kalt hervorragend.

## *Gebratene Eier mit Koriander*

Ein etwas ungewöhnliches Rezept, das Sie nach dem Testessen bestimmt öfter zubereiten werden. Ich empfehle dazu gemischte Blattsalate und einen körnigen Reissalat.

*½ Bund Koriandergrün · 4 Eier*

*1 Knoblauchzehe · Salz · 1 TL Korianderkörner*

*1 TL ganzer Kümmel*

*gemahlener Zimt nach Geschmack*

*100 ml Pflanzenöl*

Das Koriandergrün waschen, trockenschwenken, von den Stielen zupfen und hacken. Die Eier 8 Minuten kochen, mit kaltem Wasser abschrecken und schälen. Die Knoblauchzehe schälen und zusammen mit Salz, Koriander, Kümmel und Zimt im Mörser zerreiben.
Das Pflanzenöl im Wok stark erhitzen. Die Gewürze einrühren und die ganzen Eier einlegen. Rundherum goldbraun braten und zuletzt das Koriandergrün einstreuen. Die Eier noch im Wok grob durchteilen und sofort servieren.
*Tip:* Zuvor im Wok ein Gemüsegericht pfannenrühren, danach die Eier nach diesem Rezept zubereiten und auf dem Gemüse servieren.

## *Schwenkbohnen mit Sesam*

*500 g grüne Bohnen · 1 Zwiebel*

*3 EL Sesamöl*

*Salz · frischgemahlener schwarzer Pfeffer*

*2 EL Sesampaste (Reformhaus oder Asienladen)*

*2 EL Reiswein (alternativ Sherry)*

*1 Prise Zucker*

Die Bohnen waschen und gegebenenfalls quer halbieren. Die Zwiebel schälen und hacken. Das Sesamöl im Wok erhitzen. Unter Pfannenrühren die Zwiebelwürfel glasig andünsten, dann die Bohnen hinzufügen. Leicht salzen und pfeffern. Die Sesampaste mit Reiswein und Zucker vermischen und in die Bohnenpfanne einrühren.

*Tip:* Auf gebratenem Reis oder chinesischen Eiernudeln servieren.

## *Würziges Kartoffelgeröstel*

Aufgrund der verwendeten Eier ist es empfehlenswert, für dieses Rezept einem beschichteten Wok den Vorzug zu geben. Bei einem gußeisernem Gerät etwas mehr Fett nehmen und ständig rühren, damit nichts ansetzen kann.

*1 grüne Paprikaschote · 1 rote Chilischote*

*1 Zwiebel · 1 Bund Schnittlauch*

*1 Glas Artischockenherzen (etwa 200 g)*

*300 g Kartoffeln · 3 Eier*

*3 EL Sherry · Salz*

*frischgemahlener schwarzer Pfeffer*

*5–7 EL Pflanzenöl*

Die Paprika- und Chilischote säubern, halbieren und entkernen. Die Paprikaschote in 1 cm große Würfel schneiden, die Chilischote hacken. Die Zwiebel schälen und hacken. Den Schnittlauch säubern und in Röllchen schneiden. Die Artischockenherzen abtropfen lassen und halbieren. Die Kartoffeln schälen und klein würfeln.

Im Wok das Öl stark erhitzen. Unter Pfannenrühren Zwiebeln- und Kartoffelwürfel etwa 10 Minuten andünsten. Die gehackte Chilischote und die Paprikastücke hinzufügen. Die Eier mit Sherry verquirlen und über das Gemüse gießen. Salzen, pfeffern und die Eiermasse kurz stocken lassen. Artischockenherzen einstreuen und das Ganze mit einem Holzlöffel vorsichtig vermengen. Nochmals abschmecken und mit Schnittlauch bestreuen.

*Tip:* Bunte Blattsalate, Knoblauchbaguette und als Getränk Rotwein servieren.

## *Fritierte Gemüse-Tofu-Bällchen mit Chilisauce*

Die für dieses Rezept nötige Vorarbeit lohnt sich auf alle Fälle. Eine Abwechslung, die den Tofu in einem neuen Kleid zeigt.

| |
|---|
| *400 g gekräuterter Tofu* |
| *1 Bund Frühlingszwiebeln · 80 g Speisestärke* |
| *1 EL Sojasauce* |
| FÜR DIE SAUCE: |
| *1 Knoblauchzehe · Salz · 1 rote Chilischote* |
| *3 EL Sojasauce · 1 Prise Zucker · 2 EL Pflanzenöl* |
| *1 EL Sesamöl · 2 EL Sherry* |
| ZUM AUSBACKEN: |
| *1/4 l Pflanzenöl* |

Den Tofu aus der Packung nehmen, in 4 Stücke schneiden und in kochendes Wasser geben. Etwa 1 Minute sprudelnd kochen, herausnehmen und in Küchenkrepp etwas auspressen. Die Frühlingszwiebeln putzen und fein hacken. Zusammen mit dem Tofu, etwa 50 g Speisestärke und Sojasauce verkneten. Aus dem Tofuteig mit nassen Händen Bällchen formen und diese mit der restlichen Speisestärke bestäuben. Die Knoblauchzehe schälen und mit etwas Salz im Mörser zerreiben. Die Chilischote säubern, entkernen und fein hacken. Alle Saucenzutaten gründlich verrühren, abschmecken und in Schälchen verteilen.

Das Pflanzenöl im Wok stark erhitzen. Die Tofubällchen portionsweise unter häufigem Wenden knusprig und goldgelb backen.

*Tip:* Dazu Gemüsereis und Salate servieren.

*Japanischer Gemüsewok mit Champignons (Rezept siehe Seite 122)*

# Nudel- und Reisgerichte – Gaumenschmaus und Augenweide

## *Gebratene Currynudeln mit Gemüse*

*1 Packung asiatische Nudeln Ihrer Wahl*
*(Glas-, Eier- oder Weizennudeln)*
*1 Zwiebel · 2 Knoblauchzehen · 1 Salatgurke*
*100 g Kürbisblüten, frisch vom Markt oder eingelegt in der Dose*
*nach Belieben 1 TL frisch gehackte Ingwerwurzel*
*4 Baumtomaten (in asiatischen Läden erhältlich)*
*Erdnußöl zum Braten*
*Sojasauce und Sesamöl nach Belieben*
*3 EL asiatische Currysauce (Fertigprodukt)*
*1 Schuß Reiswein*
*50 g Mandelblättchen*

Die Nudeln mit kochend heißem Wasser begießen und etwa 5 Minuten quellen lassen. In der Zwischenzeit die Zwiebel sowie die Knoblauchzehen schälen und hacken. Die Salatgurke gut waschen, nicht schälen und in etwa 5 cm lange Stücke schneiden. Kürbisblüten aus der Dose abtropfen lassen und nach Belieben kleiner schneiden. Die abgetropften Nudeln mehrmals durchschneiden. Die Baumtomaten waschen und achteln. Das Erdnußöl im Wok erhitzen. Die Gemüse nachein-

ander anbraten, zuletzt die Nudeln beimengen. Mit Sojasauce, Sesamöl, Currysauce sowie mit Reiswein kräftig abschmecken. Zuletzt die Mandelblättchen unterheben.
*Tip:* Verwenden Sie doch einmal Ihre italienischen Lieblingsnudeln, anstelle von Mandelblättchen Pinienkerne und anstelle von Baumtomaten Kirschtomaten.
Sie sehen, das Rezept ist ein Vorschlag, der nach Gusto und Inhalt des Küchen- und Kühlschranks zubereitet werden sollte. Denn nichts ist schlimmer, als sich nach einer bestimmten Zutat »die Hacken abzulaufen«.

## *Vollkornspaghetti mit glasierten Möhren*

Für dieses einfache und doch so toll schmeckende Gericht sollten Sie Cidre als Tischgetränk besorgen. Zum einen harmoniert er sehr gut und außerdem brauchen Sie ein Gläschen davon zum Kochen.

| |
|---|
| *1 Bund Petersilie · 250 g Möhren* |
| *1 Bund Frühlingszwiebeln · 1 Apfel (vorzugsweise Boskop)* |
| *Saft von 1 Zitrone · Cidre (Apfelwein) nach Bedarf* |
| *4 EL Erdnußöl · 1 EL brauner Zucker* |
| *400 g gekochte Vollkornspaghetti · Vollmeersalz* |
| *frischgemahlener schwarzer Pfeffer* |

Die Petersilie waschen, trockenschwenken, von den Stengeln zupfen und hacken. Die Möhren leicht schaben, in dünne längliche Scheiben und quer in schmale Streifen schneiden. Die Frühlingszwiebeln putzen, ein Teil vom Grün entfernen und ebenfalls in Streifen schneiden. Den Apfel schälen, entkernen und in Stifte schneiden. Mit Zitronensaft und etwas Cidre beträufeln. Alle Zutaten rund um den Wok stellen und das Erdnußöl erhitzen. Frühlingszwiebeln sowie die Möhren unter Rühren andünsten. Apfelstifte und braunen Zucker einrühren – eventuell noch etwas Cidre angießen. Nach etwa einer Minute die Vollkornspaghetti einlegen. Salzen, pfeffern und dabei mehrmals wenden. Petersilie unterheben, nochmals abschmecken und servieren.

*Tip:* Verwenden Sie anstelle von Frühlingszwiebeln, rote oder weiße Zwiebeln oder Schalotten.

## *Honignudeln mit Maiskölbchen*

*1 Bund Frühlingszwiebeln*

*1/4 Bund frisches Koriandergrün*

*400 g asiatische Reisnudeln*

*4 Mu-err-Pilze, getrocknet · 100 g frische Maiskölbchen (ersatzweise aus der Dose) · 6 EL Pflanzenöl · Salz*

*frischgemahlener schwarzer Pfeffer*

*2 EL Honig · Sojasauce nach Belieben*

Die Frühlingszwiebeln putzen und in Ringe schneiden. Das Koriandergrün waschen, trockenschwenken, von den Stengeln zupfen und hacken. Die Reisnudeln mit heißem Wasser überbrühen. Die Mu-err-Pilze mit kochendem Wasser begießen und etwa 20 Minuten quellen lassen. Die Maiskölbchen nach Belieben halbieren. Die Reisnudeln in einem Sieb abtropfen lassen. Die Pilze fest ausdrücken und bei Bedarf kleiner schneiden. Vom Pilzsud etwa 1/4 l aufbewahren. Das Pflanzenöl im Wok erhitzen. Unter ständigem Rühren die Frühlingszwiebeln

glasig andünsten. Pilze, Koriandergrün und Maiskölbchen hinzufügen. Den Pilzsaft mit Honig verrühren und in den Wok gießen. Nudeln einrühren, salzen, pfeffern und mit Sojasauce abrunden.
*Tip:* Zusätzlich mit süß-saurer Chilisauce abschmecken.

## *Reisnudeln mit Tomatengemüse*

Für dieses Gericht werden kleine griechische Reisnudeln verwendet. Sollten Sie jedoch diese Art von Nudeln nicht bekommen, können Sie auch auf normale Nudeln zurückgreifen.

*2 Zwiebeln · 2 Knoblauchzehen · 300 g Reis-Vermicelli*
*500 g Tomaten · 1/2 Bund gemischte Kräuter*
*(Thymian, Rosmarin, Petersilie usw.) · 1 grüne Paprikaschote*
*5 EL Pflanzenöl · 1/4 l trockener Weißwein*
*1/4 l Gemüsebrühe · Salz · frischgemahlener schwarzer Pfeffer*

Die Zwiebeln schälen und in Streifen schneiden. Den Knoblauch schälen und durch eine Presse drücken. Die Reis-Vermicelli unter fließendem kalten Wasser gründlich waschen und abtropfen lassen. Die Tomaten blanchieren, häuten und klein schneiden. Die Kräuter waschen, trockenschwenken, von den Stengeln zupfen und hacken. Die Paprikaschote säubern, vierteln, entkernen und in 1 cm große Stücke schneiden.
Das Pflanzenöl im Wok erhitzen. Unter ständigem Rühren Zwiebelstreifen und gepreßten Knoblauch andünsten. Paprikawürfel und Reisnudeln einrühren. Nach etwa 1 Minute mit dem Weißwein und der Gemüsebrühe aufgießen. Salzen, pfef-

fern und die Kräuter einrühren. Den Wok mit einem Deckel verschließen und das Ganze etwa 20 Minuten leise köcheln lassen. Zwischendurch mit einem Holzlöffel umrühren. Kurz bevor die Flüssigkeit aufgesogen ist, die Tomatenstücke einrühren und etwa 5 Minuten mitdünsten. Nochmals abschmecken. Je nach Geschmack das Reisnudelgericht etwas feuchter oder trockener genießen (länger garen).
*Tip:* In einer netten Tischrunde macht es viel mehr Spaß zu kochen, als wenn man alleine in der Küche herumhantieren muß.
Zu diesem Essen schmeckt ein geharzter Weißwein aus Griechenland (Retsina), dazu Fladenbrot und Oliven.

## *Eiernudeln mit Rucola*

Eine gewagte Kombination aus der Asien- und der Europaküche. Gehören Sie zu den Neugierigen, die gerne über den Tellerrand hinausschauen? Dann müssen Sie dieses Rezept unbedingt probieren!

*1 Packung chinesische Eiernudeln*
*100 g Rucola (alternativ Chinakohl) · 3 EL Pflanzenöl*
*etwas Sojasauce · etwas Aceto Balsamico*
*frischgemahlener schwarzer Pfeffer*
*50 g Pinienkerne · 25 g Kräuterbutter*

Die Eiernudeln mit heißem Wasser begießen, etwa 10 Minuten quellen, dann in einem Sieb gründlich abtropfen lassen. Den Rucola waschen, halbieren und trockenschwenken.
Das Pflanzenöl im Wok erhitzen. Unter Pfannenrühren die Eiernudeln anbraten, mit Sojasauce und Aceto Balsamico würzen. Leicht pfeffern und die Pinienkerne sowie die Kräu-

terbutter einrühren. Kurz vor dem Servieren den Rucola unterheben.
*Tip:* Dazu paßt als Tischgetränk ein gekühlter trockener Weißwein.

## *Spaghettini Goreng*

Bami Goreng ist ein berühmtes Nudelrezept mit Rindfleisch aus Indonesien. Unseren »Fleischersatz« bildet jede Menge frisches Gemüse.

| |
|---|
| *200 g Spaghettini · Salz · 4 asiatische Baumtomaten* |
| *1 große Möhre · 1 Stange Lauch* |
| *je 1 rote und gelbe Paprikaschote · 1 Bund Schnittlauch* |
| *4 Knoblauchzehen · 4 EL Pflanzenöl* |
| *süße Sojasauce nach Belieben · 5 cl Sherry* |
| *1 EL süß-saure Chilisauce* |
| *frischgemahlener schwarzer Pfeffer* |

Die Spaghettini in reichlich Salzwasser bißfest garen. Anschließend in einem Sieb abtropfen lassen. Die Baumtomaten in Achtel schneiden, die Möhre schälen, zuerst in längliche Scheiben und dann quer in dünne Streifen schneiden. Den Lauch der Länge nach halbieren, zwischen den Blattschichten säubern und quer in feine Streifen schneiden. Die Paprikaschoten säubern, entkernen und in Streifen schneiden. Den Schnittlauch waschen und in Röllchen schneiden. Die Knoblauchzehen schälen und im Mörser mit etwas Salz zerreiben.
Das Öl im Wok erhitzen und den Knoblauch einrühren. Nach und nach das Gemüse kräftig anbraten und mit Sojasauce ablöschen. Die Spaghettini vorsichtig unterheben. Sherry mit

Chilisauce verrühren und darübergießen. Mit Pfeffer abschmecken und den Schnittlauch locker untermengen.
*Tip:* Dieses Nudelgericht ist mit gehacktem Zitronengras, frisch gehacktem Ingwer und Koriandergrün schnell und delikat abgewandelt.

## Gorgonzola-Schmetterlinge

Eine italienische Nudelsorte heißt Farfalle, auf deutsch Schmetterlingsnudeln.
Ein nicht alltägliches Rezept im Wok, das mit einem beschichteten Elektrowok zum Käse-Nudel-Traum wird.

*2 Knoblauchzehen · Salz · 4 Frühlingszwiebeln*
*4 EL Pflanzenöl*
*500 g gekochte Schmetterlingsnudeln*
*frischgemahlener schwarzer Pfeffer · 1 EL Butter*
*150 g Gorgonzola · 300 g Sahne*
*einige frisch geschnittene Basilikumstreifen*

Die Knoblauchzehen schälen und im Mörser mit etwas Salz zerreiben. Die Frühlingszwiebeln putzen und fein hacken. Das Öl im Wok erhitzen und den zerriebenen Knoblauch pfannenrühren. Die Frühlingszwiebeln einstreuen und einige Minuten mitdünsten. Die gekochten Nudeln zufügen und mit der Butter im Wok locker hin und her bewegen. Den Gorgonzola mit der Sahne verrühren und über die Nudeln gießen. Das Ganze gut vermengen und darauf achten, daß der Gorgonzola cremig verschmilzt. Nochmals abschmecken, Basilikumstreifen unterheben und servieren.
*Tip:* Saucenreste mit Stangenweißbrot auftunken.

# Grünes Nudelgericht

*200 g grüne Tagliatelle (Bandnudeln) · Salz*
*200 g gehackter Blattspinat (TK-Ware)*
*2 Knoblauchzehen · 1 Zwiebel*
*1 grüne Chilischote · 200 g Zuckerschoten*
*5 EL Pflanzenöl*
*Salz · frischgemahlener schwarzer Pfeffer*
*100 g Sahne · 1 Schuß Whisky*

Die Tagliatelle in reichlich Salzwasser bißfest garen. Anschließend in einem Sieb abtropfen lassen. Den aufgetauten Blattspinat ebenfalls abtropfen lassen. Die Knoblauchzehen sowie die Zwiebel schälen und hacken. Die Chilischote säubern, entkernen und hacken. Die Zuckerschoten waschen und quer halbieren.

Das Pflanzenöl im Wok erhitzen. Chili-, Zwiebel- und Knoblauchwürfel unter Pfannenrühren glasig anschwitzen. Zuckerschoten einige Minuten mitbraten, dann die Nudeln und den Spinat hinzufügen. Leicht salzen und pfeffern. Die Sahne mit Whiskey verrühren und über das Nudelgericht gießen. Nochmals abschmecken und servieren.

*Tip:* Das grüne Nudelgericht schmeckt auch ohne Whiskysahne hervorragend.

## *Zitronenreis*

*2 rote Paprikaschoten · 1 Aubergine*
*1 EL schwarze oder gelbe Senfkörner · 5 EL Sojaöl*
*1 EL Kreuzkümmel*
*1 kräftige Prise gemahlene Kurkuma (Gelbwurz)*
*300 g gekochter Duftreis*
*Saft von 1 Zitrone · Salz · Zitronenpfeffer*
*frischgemahlener schwarzer Pfeffer*

Die Paprikaschoten säubern, vierteln, entkernen und in kleine Würfel schneiden. Die Aubergine waschen und passend zu den Paprikaschoten schneiden. Sojaöl im Wok erhitzen. Senfkörner und Kreuzkümmel so lange anbraten, bis sie »hüpfen«. Gemüsewürfel einstreuen, mit Kurkuma bestäuben und alles durchmischen. Zuletzt den Reis unterheben. Mit Zitronensaft beträufeln, salzen und pfeffern.
*Tip:* Anstelle von Kurkuma ein Döschen Safran verwenden. Nach Belieben zusätzlich mit zwei Eßlöffeln Mango Chutney verfeinern.

*Steinpilze mit Basilikum (Rezept siehe Seite 123)*

## *Reis-Kürbis-Wok mit Cashewkernen*

Für dieses Gericht eignet sich selbsteingelegter Kürbis am besten. Bestimmt gibt es jemanden in Ihrer Verwandtschaft, der Sie mit Selbsteingemachtem erfreuen will. Greifen Sie zu, denn beim Wok sind diese Schätze – seien es Pflaumenmus, eingelegte Gurken oder Aprikosenmarmelade – mit ein wenig Fingerspitzengefühl dankbare Geschmacksverfeinerer.

*250 g Aprikosen · 1 große Zwiebel*
*2 Knoblauchzehen · 4 EL Sonnenblumenöl*
*1 TL brauner Zucker*
*100 g süß-sauer eingelegte Kürbisstücke mit Saft*
*500 g gekochter Vollkornreis vom Vortag*
*2 Gewürznelken · 1 Prise gemahlener Zimt · Meersalz*
*frischgemahlener schwarzer Pfeffer*
*100 g ungesalzene Cashewkerne*

Die Aprikosen in kochendes Wasser legen und herausnehmen, sobald sich die Häute lösen. Mit kaltem Wasser abschrecken, häuten und in etwa 1 cm große Stücke schneiden. Zwiebel und Knoblauchzehen schälen und fein hakken. Das Sonnenblumenöl im Wok erhitzen. Zwiebel und Knoblauch unter ständigem Rühren glasig andünsten. Mit Zucker bestreuen und, sobald dieser aufgelöst ist, Aprikosen- und Kürbisstücke einrühren. Mit etwas Kürbissaft befeuchten und nach 1–2 Minuten den Vollkornreis unterheben. Mit Gewürznelken, Zimt, Meersalz und Pfeffer kräftig abschmecken. Kurz vor dem Servieren die Cashewkerne untermengen.
*Tip:* Bei Reisgerichten im Wok den Reis am allerbesten einen

Tag vorher kochen. Dadurch ist der Reis trocken und körniger. Frisch gekochter Reis klebt im Wok sehr schnell am Boden und es wird ein eher »pampiges« Gericht.

## *Bratreis mit Gemüsesauce*

Die Gemüsesauce wird zuerst im Wok zubereitet und in Schälchen verteilt. Erst dann den Reis im Wok braten.

| |
|---|
| *8 Shiitake-Pilze, getrocknet* |
| *etwa 2 cm frische Ingwerwurzel · 2 Knoblauchzehen* |
| *1 kleine Zwiebel · 1 Möhre · 100 g Knollensellerie* |
| *$^1/_2$ Stange Lauch · 8 EL Pflanzenöl* |
| *1 TL Zucker · 50 ml Sherry* |
| *Salz · frischgemahlener schwarzer Pfeffer · $^1/_8$ l Gemüsebrühe* |
| *1 TL Speisestärke · Sesamöl nach Belieben* |
| *2 EL Korianderkörner · 600–800 g gekochter Reis* |

Die Shiitake-Pilze mit kochend heißem Wasser begießen und quellen lassen. Die Ingwerwurzel schälen und raspeln. Knoblauch, Zwiebel, Möhre und Knollensellerie schälen und fein hacken. Den Lauch säubern und in feine Streifen schneiden. Die Pilze fest ausdrücken und in Streifen schneiden. Etwas vom Sud für die Sauce verwenden.
Die Hälfte des Pflanzenöls im Wok stark erhitzen. Das vorbereitete Gemüse unter fortwährendem Pfannenrühren andünsten. Mit Zucker bestreuen und mit Sherry ablöschen. Salzen und pfeffern. Die Gemüsebrühe mit der Speisestärke glattrühren und über das Gemüse gießen. Pikant abschmecken, mit Sesamöl vollenden und in Schalen verteilen.
Den Bratensatz mit dem restlichem Pflanzenöl begießen. Die

Korianderkörner einstreuen und nach einigen Minuten den Reis hinzufügen. Salzen, pfeffern und kräftig durchbraten, so daß sich eine Reiskruste bildet, die mit dem Holzspatel abgekratzt wird.
*Tip:* Den Bratreis beliebig würzen, beispielsweise mit Kreuzkümmel, Bockshornklee, Senfkörnern, Fünf-Gewürze-Pulver, Kurkuma oder ähnlichem.

## *Risi-Bisi mit Kurkuma*

Dieses Gericht wird kurz vor dem Servieren mit etwas geriebenem Käse vermengt. Ein völlig neues Erlebnis für den Wok, mit Käse in Berührung zu kommen. Die meisten Asiaten leben ohne den Verzehr von Milch und deren Produkten. Weniger, weil sie diese Erzeugnisse nicht mögen, sondern weil sie sie nicht vertragen. Konkret fehlt ihnen ein bestimmtes Enzym, das den Milchzucker verdauen kann.

| |
|---|
| *1 Zwiebel · 2 Knoblauchzehen* |
| *1/2 Bund Petersilie · 300 g Rundkornreis* |
| *5 EL Pflanzenöl · 1 TL Kurkuma* |
| *1/8 l Weißwein · 1/2 l Gemüsebrühe* |
| *300 g Erbsen (TK-Ware)* |
| *150 g geriebener Käse Ihrer Wahl* |

Die Zwiebel und die Knoblauchzehen schälen und hacken. Die Petersilie waschen, trockenschwenken, von den Stengeln zupfen und hacken. Den Reis gründlich waschen und in einem Sieb abtropfen lassen.
Das Pflanzenöl im Wok erhitzen. Zwiebel- und Knoblauchwürfel glasig anschwitzen. Unter ständigem Rühren den Reis einstreuen. 1–2 Minuten braten, mit Kurkuma bestäuben und mit

Weißwein ablöschen. Die Gemüsebrühe aufgießen. Mehrmals durchrühren, Erbsen und Kräuter einrühren. Den Wok mit einem Deckel verschließen und während der Garzeit von etwa 20 Minuten öfter durchrühren. Das Reisgericht salzen, pfeffern und kurz vor dem Servieren den geriebenen Käse unterheben.
*Tip:* Als Getränk schmeckt ein trockener Weißwein. Zusätzlich verschiedene Sorten frisches Brot servieren.

## Tomatenrisotto mit Banane

Ein feines Rezept, das sich abenteuerlich anhört, aber unerhört gut schmeckt. Besonders die kleinen Apfelbananen sind dafür zu empfehlen.

| |
|---|
| *1 Zwiebel · 3 EL Pflanzenöl · 200 g Rundkornreis* |
| *1/2 l Gemüsebrühe · Salz* |
| *frischgemahlener schwarzer Pfeffer · 500 g Tomaten* |
| *1/2 Bund Petersilie · 1 Banane* |
| *100 ml Reiswein (ersatzweise Sherry)* |

Die Zwiebel schälen und hacken. Das Pflanzenöl im Wok erhitzen und die Zwiebelwürfel glasig andünsten. Den Reis einrühren und nach einigen Minuten mit Gemüsebrühe aufgießen. Leicht salzen und pfeffern. Nach dem ersten Aufkochen den Deckel aufsetzen und den Reis etwa 10 Minuten garen. In der Zwischenzeit die Tomaten blanchieren, häuten und klein würfeln. Die Petersilie waschen, trockenschwenken, von den Stielen zupfen und hacken. Die Banane schälen und in Scheiben schneiden. Zusammen mit den Tomaten, der Petersilie und dem Reiswein vermengen. Diese Mischung in den Reis rühren und diesen fertig garen.
*Tip:* Dazu frisches Stangenweißbrot servieren.

# *Gebratenes Gemüse im Wok*

(Foto Seite 33)

*1 Packung Mu-err-Pilze · 2 Zwiebeln*

*2 Knoblauchzehen · 100 g frische Bambussprossen*

*200 g frische Sojabohnensprossen*

*je 1 gelbe, rote und grüne Paprikaschote*

*100 g Kaiserschoten (besonders zarte Erbsschoten)*

*6 EL Pflanzenöl · 1 EL Currypulver*

*Sojasauce nach Geschmack · schwarzer Pfeffer*

Die Mu-err-Pilze mit heißem Wasser begießen und etwa 20 Minuten quellen lassen. Die Zwiebeln und Knoblauchzehen schälen und hacken. Die Bambussprossen in Scheibchen schneiden. Die Sojabohnensprossen waschen und in einem Sieb abtropfen lassen. Die Paprikaschoten waschen, vierteln, entkernen und in Streifen schneiden. Die Pilze ausdrücken und kleiner schneiden. Das Pflanzenöl im Wok stark erhitzen. Unter ständigem Rühren das Zwiebel-Knoblauch-Gemisch andünsten. Nach und nach die vorbereiteten Gemüse mitdünsten. Mit etwas Pilzsaft, Currypulver, Sojasauce und Pfeffer abschmecken.

# *Himmlisches Gemüse*

(Foto Seite 51)

*750 g saisonfrisches Gemüse,*

*bestehend aus beispielsweise Chinakohl, Möhren, Lauch,*

*Zucchini, Sojabohnensprossen*

*1 Knoblauchzehe · Salz*

*2 cm frische Ingwerwurzel · 4 EL Erdnußöl*

*$^{1}/_{8}$ l Gemüsebrühe · 3 EL Sojasauce*

*3 EL Reiswein (ersatzweise Sherry)*

*schwarzer Pfeffer · 1 EL Maisstärke*

Das Gemüse putzen, teils schälen und in gleich große Streifen schneiden. Die Knoblauchzehe schälen und mit etwas Salz im Mörser zerdrücken. Die Ingwerwurzel schälen und hacken. Das Erdnußöl im Wok stark erhitzen. Unter ständigem Pfannenrühren Knoblauch sowie den gehackten Ingwer anschwitzen. Nach und nach das Gemüse zum Andünsten hinzufügen. Etwa drei bis fünf Minuten durchdünsten und dabei die Gemüsebrühe nach und nach angießen. Mit Sojasauce, Reiswein und Pfeffer würzen. Kurz vor dem Servieren die Maisstärke mit 2 EL Wasser glattrühren und das Gemüsegericht damit binden.

*Tip:* Die Gemüsepfanne schmeckt auch ohne Maisstärke.

# Klassiker aus aller Welt in neuem Licht

## *Buddhagemüse*

| |
|---|
| *20 g Mu-err-Pilze, getrocknet* |
| *1 große Möhre · ½ Stange Lauch* |
| *100 g frische Bambusschößlinge (ersatzweise aus der Dose)* |
| *200 g frische Sojabohnensprossen* |
| *100 g Wasserkastanien (aus der Dose)* |
| *200 g Chinakohl · 4 EL Pflanzenöl* |
| *50 ml Gemüsebrühe · 1 TL Zucker · 2 EL Sesamöl* |
| *4 EL Reiswein (ersatzweise Sherry)* |
| *Salz · schwarzer Pfeffer* |

Die Mu-err-Pilze mit kochend heißem Wasser begießen und etwa 20 Minuten quellen lassen. Die Möhre schälen, der Länge nach in dünne Scheiben schneiden und quer in dünne Stifte. Den Lauch längs halbieren, zwischen den Blattschichten säubern und quer in schmale Streifen schneiden. Die Bambusschößlinge in gleichmäßige Stifte schneiden. Die Sojabohnensprossen gründlich waschen und abtropfen lassen. Die Wasserkastanien in dünne Scheibchen schneiden. Den Chinakohl entblättern, waschen und in 1 cm dicke Streifen schneiden. Das Pflanzenöl im Wok erhitzen. Das vorbereitete Gemüse nacheinander in den Wok geben und unter mehrmaligem Rühren

und Schütteln kräftig anbraten. Die Mu-err-Pilze ausdrücken, halbieren und mitbraten. Das Gemüse mit Brühe aufgießen und mit Zucker, Sesamöl, Reiswein, Salz und Pfeffer pikant abschmecken.
*Tip:* Den Beilagenreis separat erwärmen oder unter das Buddhagemüse heben.
Mu-err-Pilze sind unter den Namen chinesische Morcheln, Baumpilze oder Wolkenohrpilze ebenfalls bekannt. Die getrockneten Pilze nehmen durch das Überbrühen das Wasser wie ein Schwamm auf und werden um einiges größer. Mit Phantasie betrachtet, sehen die Pilze wie »Wolkenohren« aus.

## *Tofu mit Pilzen*

*4–8 Mu-err-Pilze, getrocknet*

*400 g Tofu · 1 Stange Lauch · 1 Stange Staudensellerie*

*1 Möhre · 1 kleine Dose Strohpilze*

*4 kleine Auberginen · 4 EL Pflanzenöl*

*Salz · schwarzer Pfeffer*

*1 Prise Zucker · 3–4 EL Sojasauce*

*1 EL zimmerwarme Erdnußcreme*

*50 ml Gemüsebrühe oder Wasser*

*1 EL Koriandergrün, frisch gehackt*

*ein paar Tropfen Sesamöl*

Die Mu-err-Pilze mit heißem Wasser begießen und etwa 20 Minuten quellen lassen. Den Tofu abtropfen lassen, in mundgerechte Würfel schneiden und bis zum Gebrauch auf Küchenkrepp legen. Das Gemüse putzen und in kleine, gleichmäßige Stücke schneiden. Das Öl im Wok erhitzen. Das Gemüse nacheinander anbraten, zerkleinerte Pilze einstreuen und das Ganze hin- und herschwenken. Die Tofustücke hinzufügen, von allen Seiten braten, aber vorsichtig wenden. Den Wokinhalt salzen, pfeffern und leicht zuckern. Die Erdnußcreme mit Sojasauce sowie der Brühe verrühren und in den Wok geben. Alles nochmals abschmecken, mit Sesamöl beträufeln und mit Koriandergrün bestreuen.

## *Acht Köstlichkeiten in Sherrybrühe*

Verwenden Sie Ihren Wok doch einmal für eine asiatische Fonduerunde. Es muß nicht immer Kurzgebratenes entstehen, sondern hier beweist der Wok mal wieder sein Multitalent. Die vorbereitete Brühe auf einer Herdplatte aufkochen und im Wok auf den Tisch stellen. Kleine Siebe mit langen Stielen sind beim »Fischen« von Vorteil.

| |
|---|
| *1 Kopfsalatherz · 1/2 Mangold oder Pak Choi* |
| *250 g Champignons · 250 g Möhren* |
| *100 g frische Bambussprossen · 1 Bund Frühlingszwiebeln* |
| *250 g Sojabohnensprossen · 250 g Tofu* |
| *100 g Reisnudeln* |
| *1 Bund Koriandergrün (ersatzweise Petersilie)* |
| *3/4 l Gemüsebrühe · 5 EL Sherry · Sojasauce nach Belieben* |
| *400 g gekochter Duftreis als Beilage* |

Kopfsalat und Mangold waschen, trockenschwenken und in nudelartige Streifen schneiden. Champignons putzen und vierteln. Die Möhren schälen, in lange Scheiben und quer in Stifte schneiden. Die Bambussprossen passend zu den Möhren schneiden. Die Frühlingszwiebeln putzen und in Streifen

schneiden. Die Sojabohnensprossen waschen und in einem Sieb abtropfen lassen. Den Tofu in kleine Stücke schneiden. Alle Zutaten rund um den Wok stellen, die Reisnudeln auf einen Teller legen. Koriandergrün waschen, trockenschwenken, von den Stielen zupfen und hacken. Die Gemüsebrühe mit Sherry und etwas Sojasauce aufkochen. Die kochende Brühe auf den Rechaud am Tisch stellen, Koriandergrün einrühren und einen Strang Reisnudeln einlegen.
*Tip:* Jeder Gast schmort seine Zutaten in der Suppe. Zusätzlich Pflaumen- und süß-saure Chilisauce zum Dippen bereitstellen.

## *Brokkoli mit Lauch-Joghurtsauce*

Die Lauchsauce entsprechend früh vorbereiten und zimmerwarm zur Brokkolipfanne servieren.

*3 Stangen Lauch · 3 EL Pflanzenöl*
*25 g Kräuterbutter · $^1/_8$ l Gemüsebrühe*
*200 g Vollmilchjoghurt*
*Salz · frischgemahlener schwarzer Pfeffer*
*1 TL Zucker · 1 kg Brokkoli*
*100 g Sojabohnensprossen · 3 EL Pflanzenöl*
*50 g Mandelblättchen · 3 EL Reiswein*

Die Lauchstangen der Länge nach halbieren, zwischen den Blattschichten säubern und quer in dünne Streifen schneiden. Das Pflanzenöl im Wok erhitzen. Lauchstreifen einstreuen und unter Rühren die Kräuterbutter hinzufügen. Die Lauchstreifen gute 5 Minuten dünsten und mit Gemüsebrühe aufgießen. Weitere 10 Minuten leise köcheln. Salzen, pfeffern und mit

Zucker abschmecken. Den Wokinhalt in eine Schüssel umfüllen und mit dem Joghurt vermengen. Nochmals abschmecken und zugedeckt beiseite stellen.
Den Brokkoli putzen und in kleine Röschen teilen. Die Sojabohnensprossen waschen und in einem Sieb abtropfen lassen. Das Pflanzenöl erhitzen. Die Mandelblättchen unter ständigem Rühren eine Minute anbraten. Brokkoliröschen und kurz darauf Sojabohnensprossen zufügen. Salzen, pfeffern und mit Reiswein abschmecken. Das noch bißfeste Brokkoligemüse in Schüsselchen verteilen und löffelweise die Lauchjoghurtsauce darüberziehen.
*Tip:* Dazu schmeckt Zitronenreis (siehe Seite 96).

## *Gebratene Salatgurken mit süßer Chilisauce*

Bei diesem Rezept fällt auf, daß in rein asiatischen Rezepten kein Salz verwendet wird. Die Erklärung ist ganz einfach: Das Salz in der asiatischen Küche ist die aus fermentierten Sojabohnen und Salz bestehende Sojasauce.

*2 Salatgurken · 1/2 Stange Lauch*
*1 cm frische Ingwerwurzel · 2 Knoblauchzehen*
*1 frische Chilischote · 5 EL Pflanzenöl*
*1 TL Zucker · frischgemahlener schwarzer Pfeffer*
*50 ml Gemüsebrühe · 1 TL Maisstärke*
*2 EL dunkle Sojasauce · 2 EL Reiswein*

Die Salatgurken nicht schälen, waschen, der Länge nach halbieren und die Kerne herauskratzen. Die Gurkenhälften in etwa 4 bis 5 cm lange und etwa 1 cm breite Stücke schneiden. Den

Lauch säubern und in schmale Streifen schneiden. Ingwer sowie Knoblauch schälen und fein hacken. Die Chilischote säubern, halbieren, entkernen und klein würfeln. Das Pflanzenöl im Wok erhitzen. Knoblauch, Ingwer, Chilischote sowie den Lauch pfannenrühren. Die Gurkenstücke einlegen, mehrmals umrühren und dabei mit Zucker und Pfeffer bestreuen. Die Gemüsebrühe mit der Maisstärke glattrühren und über das Gericht gießen. Mit Sojasauce und Reiswein abschmecken. Sofort servieren, damit die Salatgurkenstücke einen guten Biß behalten.
*Tip:* Dieses feine Gurkengemüse auf einem Glasnudelbett servieren.

## Geschmorter Chinakohl

Bereiten Sie für dieses süß-säuerliche Gemüserezept eine Mischung aus einer Hälfte rotem und einer Hälfte weißem, gekochten Reis vor.

*500 g Chinakohl · 2 Knoblauchzehen*

*1 rote Chilischote · 4 EL Pflanzenöl · 4 EL Reiswein*

*helle Sojasauce nach Belieben*

*frischgemahlener schwarzer Pfeffer · 1 EL brauner Zucker*

*1 Spritzer Weißweinessig · 2 EL Sesamöl*

Den Chinakohl entblättern, waschen und quer in 2 cm dicke Streifen schneiden. Die Chilischote säubern, entkernen und fein würfeln. Die Knoblauchzehen schälen und fein hacken.
Das Pflanzenöl im Wok erhitzen. Knoblauch und Chilischote unter Rühren glasig andünsten. Chinakohlstreifen einstreuen, mehrmals wenden und dabei mit Reiswein, Sojasauce, Pfeffer und Zucker würzen. Mit einem Spritzer Essig säuern. Den

Chinakohl nicht länger als 5 Minuten schmoren, mit Sesamöl abschmecken und servieren.
*Tip:* Variieren Sie das Rezept mit gehacktem Koriandergrün und Mu-err-Pilzen.

## *Süß-scharfer Weißkohl*

Dieses Rezept ist besonders gut für den Winter geeignet, wenn die Auswahl an Gemüse etwas nachläßt. Als Beilage gekochten Vollkornreis bereitstellen.

| |
|---|
| *4 Mu-err-Pilze, getrocknet · 1 kleiner Weißkohl* |
| *1 Zwiebel · 2 Knoblauchzehen* |
| *1 grüne Chilischote · 4 EL Pflanzenöl · 1 EL Zucker* |
| *2–4 EL dunkle Sojasauce · 2 EL Reiswein* |
| *frischgemahlener bunter Pfeffer · Salz · 1 TL Maisstärke* |
| *50 ml Gemüsebrühe* |

Die Mu-err-Pilze mit kochend heißem Wasser begießen und etwa 15 Minuten quellen lassen. Den Weißkohl vierteln und den Strunk entfernen. Die Blätter in etwa 2 cm große Quadrate schneiden, waschen und in einem Sieb abtropfen lassen. Die Zwiebel sowie die Knoblauchzehen schälen und hacken. Die Chilischote säubern, entkernen und fein würfeln. Die Mu-err-Pilze fest ausdrücken und in Streifen schneiden.
Das Pflanzenöl im Wok erhitzen. Zwiebel und Knoblauch glasig andünsten, die Chilischote beifügen. Mit Zucker bestreuen und sobald dieser aufgelöst ist, die Weißkohlstücke hinzufügen. Unter ständigem Rühren kurz anbraten, mit Sojasauce und Reiswein ablöschen. Leicht pfeffern, salzen und die Pilze einstreuen. Die Maisstärke in der Gemüsebrühe glattrühren und zuletzt unter die Weißkohlstücke mengen.

*Tip:* Weißkohl ist sehr beliebt in der asiatischen Küche. Beispielsweise in Korea wird Weißkohl eingelegt und als »Kimschi« gegessen.

## *Thailändische Gemüsepfanne mit Essigsauce*

Alle Zutaten sind in einem gut sortierten Asienladen oder einem speziellen Thai-Laden erhältlich. Sollten Sie mit der Besorgung Probleme haben, verwenden Sie alternativ einfach andere Gemüse Ihrer Wahl.

*je 1 rote und grüne Chilischote · 2 Knoblauchzehen*
*2 EL brauner Zucker · 4 EL Weißweinessig*
*Salz · 4 thailändische Auberginen · 4 Baumtomaten*
*100 g frische Bambussprossen*
*100 g frische Sojabohnensprossen*
*200 g kurze grüne, am besten thailändische Bohnen*
*1 Bund Frühlingszwiebeln*
*5 EL Erdnußöl · 50 g ungesalzene, gehackte Erdnußkerne*
*4 EL Reiswein (ersatzweise Sherry)*

Die Chilischoten säubern, entkernen und in grobe Stücke schneiden. Den Knoblauch schälen und zusammen mit den Chilischoten im Mörser zerreiben. Zucker, Essig und Salz zufügen. Die Sauce zugedeckt beiseite stellen. Auberginen und Baumtomaten waschen. Zusammen mit den Bambussprossen in mundgerechte Stücke schneiden. Die Sojabohnensprossen waschen und in einem Sieb abtropfen lassen. Die Bohnen putzen und waschen. Das Grün von den Frühlingszwiebeln weitgehend entfernen und die Zwiebeln in Streifen schneiden. In

einer trockenen Pfanne die Erdnüsse so lange rühren, bis sie zu duften beginnen. Dann herausnehmen. Das Erdnußöl im Wok erhitzen. Das Gemüse der Reihe nach einstreuen und unter ständigem Pfannenrühren knackig braten. Erdnüsse unterheben und das Gemüse mit Sherry würzen. Kurz vor dem Servieren die Knoblauchsauce unterrühren.
*Tip:* Gekochten dampfenden thailändischen Duftreis dazu servieren.

## *Ratatouille im Wok*

Ein französisches Gaumenerlebnis – zubereitet im asiatischen Multitalent Wok.

*1 große Zwiebel · 5 Knoblauchzehen*
*Salz · je 1 grüne, rote, gelbe und violette Paprikaschote*
*1 große Aubergine · 1 großer Zucchino*
*4 gehäutete Tomaten · einige frische Rosmarin-,*
*Thymian- und Oreganozweige*
*6 EL Pflanzenöl · frischgemahlener schwarzer Pfeffer*
*$^{1}/_{8}$ l Rotwein*

Die Zwiebel schälen und hacken. Die Knoblauchzehen schälen und mit Salz im Mörser zerreiben. Die Paprikaschoten säubern, vierteln, entkernen und in Streifen schneiden. Die Aubergine sowie den Zucchino säubern, der Länge nach vierteln und quer in dünne Scheiben schneiden. Die Tomaten grob würfeln. Die Kräuter von den Stengeln zupfen und grob zerschneiden.
Das Pflanzenöl im Wok stark erhitzen. Zwiebelwürfel und Knoblauch unter Rühren glasig anschwitzen. Das restliche

Gemüse einstreuen und anbraten. Leicht salzen, pfeffern und mit Rotwein aufgießen. Die Kräuter unterheben.
Den Wok mit einem Deckel versehen und das Gemüsegericht etwa 15 Minuten schmoren.
*Tip:* Knoblauchbaguette mit Butter, Rotwein und dazu verschiedene Blattsalate servieren. Nach Belieben das Ratatouille mit geriebenem Parmesan bestreuen.

## Zuckerschoten mit Sesam

Eine fein abgeschmeckte Gemüsepfanne, deren Sauce mit viel Stangenweißbrot »aufgewischt« wird.

| |
|---|
| *50 g Sesamkerne · 1 kg Zuckerschoten* |
| *200 g Sojabohnenkeimlinge · 2 Knoblauchzehen* |
| *etwa 2 cm frische Ingwerwurzel* |
| *5 EL Pflanzenöl · 1 Prise Zucker* |
| *5 EL Reiswein (ersatzweise Sherry) · 2–3 EL Sojasauce* |
| *1 EL schwarze Bohnenpaste (Fertigprodukt)* |
| *$^{1}/_{8}$ l trockener Weißwein* |
| *Salz · frischgemahlener schwarzer Pfeffer* |

Die Sesamkerne in einer heißen, trockenen Pfanne so lange hin- und herbewegen, bis sie duften. Dann beiseite stellen. Die Zuckerschoten entfädeln, putzen und in der Mitte durchschneiden. Die Sojabohnenkeimlinge waschen und in einem Sieb abtropfen lassen. Knoblauchzehen und Ingwer schälen und fein hacken.
Das Pflanzenöl im Wok erhitzen. Knoblauch und Ingwer unter Rühren glasig andünsten, dabei mit Zucker bestreuen. Die Zuckerschoten einrühren, mit Reiswein und Sojasauce wür-

zen. Die schwarze Bohnenpaste mit Weißwein verrühren und zusammen mit den Sojabohnenkeimlingen in den Wok geben. Das Ganze salzen, pfeffern und weitere 5 Minuten dünsten. Kurz vor dem Servieren die Sesamkerne unterheben.
*Tip:* Dazu passen gekochte Eiernudeln, ein Gläschen Weißwein und Oliven.

## *Fenchel mit Pinienkernen*

Ein Hauch Italien, der mit thailändischem Duftreis eine leckere Liaison eingeht.

| |
|---|
| *3 Fenchelknollen* |
| *einige frische Zweige Petersilie, Oregano,* |
| *Kerbel und Thymian* |
| *5 EL Pflanzenöl · 50 g Pinienkerne* |
| *3 EL süße Sojasauce · $^1/_8$ l Gemüsebrühe* |
| *100 g Sahne · Salz* |
| *frischgemahlener schwarzer Pfeffer* |

Die Fenchelknollen vierteln, Strünke entfernen und in dünne Streifen schneiden. Etwas Fenchelgrün waschen und klein hacken. Die Kräuter waschen, trockenschwenken, von den Stengeln zupfen und hacken.
Das Pflanzenöl im Wok erhitzen. Unter ständigem Rühren die Fenchelstreifen zusammen mit den Pinienkernen andünsten. Mit Sojasauce, Salz und Pfeffer würzen. Die Kräuter einstreuen und weitere 5 Minuten pfannenrühren. Die Gemüsebrühe mit Sahne verquirlen und unter den Fenchel rühren. Nochmals abschmecken, einige Minuten leise köcheln lassen und servieren.
*Tip:* Das Fenchelgemüse auf »Reisbetten« verteilen. Nach Belieben mit Marsala (italienischer Likörwein) verfeinern.

*Mediterraner Gemüsewok (Rezept siehe Seite 147)*

# *Tomatengemüse mit griechischen Vermicelli*

Griechische Reisnudeln, eine Vermicelli-Art, sehen aus wie Langkornreis. Erhältlich sind sie in griechischen Geschäften oder in gut sortierten Lebensmittelabteilungen.

*500 g gehäutete Tomaten*

*2 Zwiebeln · 2 Knoblauchzehen · 1 grüne Paprikaschote*

*4 EL Pflanzenöl · 300 g Reisnudeln*

*2 cl Anisschnaps (griechischer Ouzo) · 1 l Gemüsebrühe*

*1/2 Bund frisch gehackte Petersilie*

*Salz · frischgemahlener schwarzer Pfeffer*

Die Tomaten in kleine Stücke schneiden. Die Zwiebeln sowie die Knoblauchzehen schälen und fein hacken. Die Paprikaschote säubern und in 1 cm große Würfel schneiden.

Das Pflanzenöl im Wok erhitzen. Zwiebeln und Knoblauch einstreuen und glasig andünsten. Paprikawürfel und Reisnudeln hinzufügen. Nach 1–2 Minuten mit Anisschnaps beträufeln und mit Gemüsebrühe aufgießen. Den Wokdeckel aufsetzen und die Reisnudeln in etwa 15 Minuten garen. Zwischendurch einige Male umrühren, dabei die Petersilie einstreuen. Salzen und pfeffern. Kurz vor Ende der Garzeit die Tomatenwürfel untermengen. Nochmals abschmecken und servieren.

*Tip:* Dazu paßt als Tischgetränk am besten geharzter Wein, also ein Retsina, außerdem Oliven und Fladenbrot.

# *Chinesische Gemüsepfanne*

(Foto Seite 69)

| |
|---|
| *250 g Champignons · 250 g Bambussprossen (Dose)* |
| *1 Bund Frühlingszwiebeln* |
| *1/2 Packung Mu-err-Pilze · 2 cm frische Ingwerwurzel* |
| *1 Knoblauchzehe · 3 EL Pflanzenöl* |
| *Sojasauce nach Geschmack* |

Die Champignons putzen und vierteln. Die Bambussprossen in einem Sieb abtropfen lassen. Die Frühlingszwiebeln putzen, waschen und schräg in Stücke schneiden. Die Pilze in heißem Wasser etwa 15 Minuten quellen lassen. Anschließend gut ausdrücken und halbieren oder vierteln. Den Ingwer sowie die Knoblauchzehe schälen und hacken. Das Pflanzenöl im Wok stark erhitzen. Unter ständigem Rühren Ingwer, Knoblauch und die Pilze andünsten. Nach und nach das Gemüse einstreuen und insgesamt etwa fünf Minuten durchbraten. Mit Sojasauce abschmecken.

# *Ananascurry*

Die Menge für dieses Curry ist nicht allzu üppig berechnet, denn es soll auf einer würzigen Reismischung serviert werden. Es geht hauptsächlich um den fruchtigen Geschmack der Ananas und der cremigen Kokosnußsauce.

| |
|---|
| *1 große Zwiebel · 1 Apfel · 1 Banane* |
| *250 g frisches Ananasfruchtfleisch* |
| *Saft von 1 Orange und 1/2 Zitrone · 4 EL Pflanzenöl* |
| *1 TL brauner Zucker* |
| *1 kräftige Prise Kurkuma · Salz* |
| *frischgemahlener schwarzer Pfeffer* |
| *1/2 l Gemüsebrühe* |
| *100 g Kokosnußpaste · 1 EL gehacktes Koriandergrün* |
| *(ersatzweise Petersilie)* |

Die Zwiebel schälen und in dünne Ringe schneiden. Apfel sowie Banane schälen und in gleich große Stücke schneiden. Das Ananasfruchtfleisch in kleine Ecken zerteilen. Die Früchte vermengen und mit Orangen- und Zitronensaft beträufeln. Das Pflanzenöl im Wok erhitzen. Unter Rühren die Zwiebelringe glasig dünsten. Die Früchte hinzufügen und rühren, bis die Flüssigkeit fast aufgesogen ist. Mit Zucker, Kurkuma, Salz und Pfeffer würzen. Mit Gemüsebrühe aufgießen. Die Kokosnußpaste in den Wok schaben oder in kleinen Stücken einstreuen. Das Koriandergrün unter das cremige Ananascurry rühren, nochmals abschmecken und auf Reis servieren.
*Tip:* Gekochten Reis in den Wok unter das Ananascurry zum Erwärmen geben.

# *Potatoe-Chowder*

Nachdem dieser kulinarische Klassiker in einem Topf mit gewölbtem Boden entstanden sein soll, ist er im Wok bestens aufgehoben. Das originale Chowder-Rezept verwendet Muscheln, wir ersetzen sie durch gekochte Spargelstückchen.

| |
|---|
| *1 Zwiebel · 250 g Kartoffeln* |
| *1 Bund Suppengrün · 4 EL Pflanzenöl · 1 Lorbeerblatt* |
| *1 Gewürznelke · 1/2 TL getrockneter Thymian* |
| *Salz · frischgemahlener schwarzer Pfeffer* |
| *250 g Maiskörner · 200 g Sahne · 1 Hauch Cayennepfeffer* |
| *250 g gekochte Spargelstückchen* |
| *2 EL frisch gehackte Petersilie* |

Die Zwiebel schälen und fein hacken. Die Kartoffeln in 1 cm große Stücke schneiden. Das Suppengrün säubern und klein würfeln.

Das Pflanzenöl im Wok erhitzen. Unter ständigem Pfannenrühren Zwiebelwürfel, Kartoffelstücke und das kleingeschnittene Suppengemüse andünsten. Mit 1/2 l Wasser aufgießen und zum Kochen bringen. Mit Lorbeerblatt, Gewürznelke, Thymian, Salz und Pfeffer würzen. Etwa 10 Minuten leise köcheln lassen. Maiskörner, Sahne und Cayennepfeffer einrühren. Weitere 5 Minuten ziehen lassen. Nochmals abschmecken und zuletzt die Spargelstückchen sowie die Petersilie einrühren.

*Tip:* Frisches Knoblauchbaguette dazu reichen.

# *Kartoffelgulasch*

Das österreichische Erdäpfelgulasch stand Pate für dieses leckere Gericht. Statt Speck und Rindersuppe verwenden wir besondere Leckerbissen, wie Pfifferlinge und chinesische Morcheln.

| |
|---|
| *4 Mu-err-Pilze, getrocknet* |
| *200 g frische Pfifferlinge · 2 Knoblauchzehen* |
| *2 große Zwiebeln · 1 kg Kartoffeln* |
| *5 EL Pflanzenöl · 1 TL edelsüßes Paprikapulver* |
| *1 Spritzer Essig · 1 l Gemüsebrühe* |
| *$^1/_2$ TL rote Safranfäden · Salz* |
| *frischgemahlener schwarzer Pfeffer* |
| *1 Prise gemahlener Kümmel* |
| *$^1/_2$ Bund frischgehackte Petersilie* |
| *200 g saure Sahne* |

Die Mu-err-Pilze mit heißem Wasser übergießen und mindestens 10 Minuten quellen lassen. Die Pfifferlinge putzen und nach Bedarf kleiner schneiden. Die Knoblauchzehen sowie die Zwiebeln schälen und fein hacken. Die Kartoffeln schälen und in mundgerechte Stücke schneiden.
Das Pflanzenöl im Wok erhitzen. Unter ständigem Pfannenrühren Zwiebeln und Knoblauch glasig andünsten. Die Kartoffelstücke einrühren, mit Paprikapulver bestäuben und mit Essig ablöschen. Die Gemüsebrühe aufgießen und alles zum Kochen bringen. Safranfäden, Salz, Pfeffer und gemahlenen Kümmel einrühren. Den Deckel auf den Wok setzen und die Kartoffeln in einer knappen $^1/_2$ Stunde garen. Kurz vor Ende der Garzeit die Mu-err-Pilze, die Pfifferlinge und die Peter-

silie einrühren. Nochmals abschmecken und mit saurer Sahne verfeinern.
*Tip:* Gemischte Partybrötchen und als Getränk zimmerwarmen Rotwein dazu servieren.

## *Rahmpfifferlinge mit Nudeln*

Wer steht in Anbetracht einer netten Freundesrunde schon gerne in der Küche abgeschirmt beim Kochen? Stellen Sie die vorbereiteten Zutaten lieber rund um den Wok auf den Eßtisch und kochen Sie mit ihren Freunden!

| |
|---|
| *1 große Zwiebel · 2 Knoblauchzehen* |
| *600 g frische Pfifferlinge · 1 Bund glatte Petersilie* |
| *2 EL Pflanzenöl · 1 EL Butter* |
| *$^1/_4$ l Gemüsebrühe · 300 g Sahne · 100 g Crème fraîche* |
| *400 g gekochte Spätzle (ersatzweise Nudeln)* |

Die Zwiebel und die Knoblauchzehen schälen und fein hacken. Die Pfifferlinge putzen und je nach Größe kleiner schneiden. Die Petersilie waschen, trockenschwenken, von den Stielen zupfen und hacken.
Im Wok das Öl erhitzen und die Butter hinzufügen. Zwiebel- und Knoblauchwürfel darin glasig anschwitzen. Pfifferlinge hinzufügen und unter Pfannenrühren andünsten. Petersilie einstreuen und mit Gemüsebrühe aufgießen. Nach dem ersten Aufkochen die Hitze reduzieren und die Sahne sowie die Crème fraîche einrühren. Salzen und pfeffern. Die Spätzle nur zum Erwärmen unter die cremigen Pfifferlinge heben.
*Tip:* Frisches Bauernbrot mit Butterschmalz oder vegetarischem Brotaufstrich dazu servieren.

## *Japanischer Gemüsewok mit Champignons*

(Foto Seite 87)

*500 g Chinakohl · 2 Möhren*

*200 g Champignons*

*1 Bund Frühlingszwiebeln*

*3 EL Pflanzenöl · 100 ml Gemüsebrühe*

*Sojasauce nach Geschmack*

Den Chinakohl in Streifen schneiden, waschen und in einem Sieb abtropfen lassen. Die Möhren schälen, in längliche Scheiben und diese quer in dünne Stifte schneiden. Die Champignons putzen und halbieren. Die Frühlingszwiebeln putzen, vierteln und quer in etwa 3 cm lange Stücke schneiden. Das Pflanzenöl im Wok stark erhitzen. Frühlingszwiebeln und Möhrenstifte andünsten. Nach ein, zwei Minuten Champignons und die Chinakohlstreifen unterheben. Weitere drei Minuten braten. Kurz vor dem Servieren die Gemüsebrühe angießen und mit Sojasauce würzen.

## *Steinpilze mit Basilikum*

(Foto Seite 97)

*500 g frische Steinpilze · 2 Bund Basilikum*

*2 Knoblauchzehen · Salz · Pfeffer*

*4 EL Pflanzenöl · 1 Gläschen trockener Weißwein*

Die Steinpilze putzen und in kleinere Stücke schneiden. Das Basilikum waschen, trockenschwenken, von den Stengeln zupfen und grob hacken. Die Knoblauchzehen schälen und in Scheibchen schneiden. Das Pflanzenöl im Wok erhitzen. Unter ständigem Rühren den Knoblauch glasig anschwitzen. Die Steinpilze hinzufügen und von allen Seiten goldbraun braten. Salzen, pfeffern und das Basilikum einstreuen. Kurz vor dem Servieren mit Weißwein verfeinern.
*Tip:* Die Steinpilze aus dem Wok nehmen, mit etwas Olivenöl beträufeln und kalt stellen. Ergibt einen sehr leckeren Salat!

# East meets West – Eurasische Köstlichkeiten aus dem Wok

## *Gebackenes Gemüse mit Meerrettichsauce*

Dieses Rezept ist für eine Wokrunde am Tisch ebenso geeignet wie für die Friteuse oder für den Wok auf der Herdplatte.

| |
|---|
| *300 g Mehl · Salz* |
| *1/4 l Milch, Wein oder Bier · 2 Eier, getrennt* |
| *1 1/4 kg gemischtes Gemüse, bestehend* |
| *aus Brokkoli, Blumenkohl, Möhren, Zucchini* |
| *einige krause Petersilienbüschel · 200 g Sahne* |
| *1 kleiner Apfel · Saft von 1/2 Zitrone* |
| *2 EL frisch geriebener Meerrettich (ersatzweise aus dem Glas)* |
| *frischgemahlener schwarzer Pfeffer* |
| *1/2 l Pflanzenöl (als Fritierfett)* |

Mehl und Salz in eine Schüssel sieben. Mit einem elektrischen Handrührgerät Milch und Eigelbe einrühren und einen zähflüssigen Teig zubereiten. Das Eiweiß zu steifem Schnee schlagen und vorsichtig unterheben. Bis zum Gebrauch abgedeckt in den Kühlschrank stellen.

Das Gemüse putzen, in Röschen teilen und in mundgerechte Stücke schneiden. Die Petersilie gründlich waschen und trockenschwenken.
Die Sahne steif schlagen. Den Apfel schälen, entkernen und in die geschlagene Sahne reiben. Meerrettich unterheben, mit Zitronensaft, Salz und Pfeffer abschmecken.
Das Öl stark erhitzen. Die Gemüsehappen durch den Teig ziehen, abtropfen lassen und portionsweise knusprig ausbacken. Als Dip die Meerrettichsauce reichen.
*Tip:* Hier wird das Prinzip des Fondues auf den Wok übertragen. Ein guter Wok mit elektrischem Tischrechaud ersetzt den Fonduetopf.

## *Warmes Knoblauchbad*

Ein italienisches Gericht namens Bagna caoda stand hier Pate. Für Knoblauchfans ein Muß.

| |
|---|
| *1–1½ kg verschiedene Gemüse wie Champignons,* |
| *Staudensellerie, Fenchel, Möhren,* |
| *eingelegte Artischockenherzen, Frühlingszwiebeln,* |
| *Blumenkohl, Brokkoli, Zucchini usw.* |
| *grüne und schwarze Oliven · 1 knuspriges Vollkornbaguette* |
| *10 Knoblauchzehen · 100 ml Olivenöl* |
| *200 ml Sahne · 100 ml Gemüsebrühe* |
| *nach Belieben 1 Gläschen Sherry* |

Das Gemüse putzen und in gleich große, mundgerechte Stücke schneiden oder teilen. Für jeden Wok-Gast einen Teller mit den verschiedensten Sorten zusammenstellen. Das Baguette in Würfel schneiden, in eine Serviette hüllen und be-

reitstellen. Oliven in Schüsselchen verteilen. Den Knoblauch schälen und mit Salz im Mörser zerreiben. Den Wok auf die Herdplatte stellen und das Olivenöl darin erhitzen. Den Knoblauch mit einem Holzlöffel einrühren und einige Minuten dünsten. Sahne, Gemüsebrühe und Sherry nach Belieben vorsichtig einrühren. Etwa 5 bis 10 Minuten einkochen lassen.
Den Woktopf auf den Tischrechaud stellen. Jeder Gast »badet« seine Zutaten im Knoblauchsud.
*Tip:* Asiatischer wird es, wenn der Sud mit Reiswein und Sojasauce abgeschmeckt wird. Versuchen Sie es – es schmeckt toll!

# *Chinesisches Fondue mit Kräutercreme*

Gehen Sie auf den Wochenmarkt und kaufen Sie frisches Gemüse. Je mehr Sorten, desto kraftvoller und feiner wird die Brühe, die am Ende des Fondues getrunken wird.

*8 getrocknete Shiitake-Pilze*

*1 Bund Koriandergrün · 1/2 Chinakohl*

*250 g frische Sojabohnensprossen*

*250 g frische Champignons · 250 g frische Prinzeßbohnen*

*1 Handvoll frischer Spinat · 1 Bund Frühlingszwiebeln*

*je 1/2 Packung Glasnudeln und chinesische Eiernudeln*

*1 hartgekochtes Ei · 250 g saure Sahne*

*1/2 Bund gemischte Kräuter (Petersilie, Melisse, Kerbel etc.)*

*Salz · frischgemahlener schwarzer Pfeffer*

*Saft von 1/2 Zitrone · 2 cl Weinbrand · 2 l Gemüsebrühe*

*2–4 EL Reiswein · 2 EL Sojasauce*

Die Shiitake-Pilze mit heißem Wasser begießen und etwa 15 Minuten quellen lassen. Das Koriandergrün waschen, trockenschwenken, von den Stielen zupfen und hacken. Den Chinakohl waschen und in 1 cm breite Streifen schneiden. Die Sojabohnensprossen waschen und in einem Sieb abtropfen lassen. Champignons putzen und vierteln. Die Bohnen putzen und je nach Belieben ganz lassen. Den Spinat waschen und trockenschwenken. Die Frühlingszwiebeln putzen und in Streifen schneiden. Die Pilze ausdrücken und vierteln. Alle vorbereiteten Gemüse und die Nudeln am Eßtisch bereitstellen.
Das hartgekochte Ei schälen, fein hacken und unter die saure Sahne mengen. Die Kräuter waschen, trockenschwenken, von

den Stielen zupfen und hacken. Zusammen mit Salz, Pfeffer, Zitronensaft und dem Weinbrand unter die Sahne rühren. Gemüsebrühe, Reiswein und Sojasauce aufkochen, Koriandergrün einrühren und den Wok auf den Tischrechaud stellen.
Sobald alles gegessen ist, die Brühe in Schälchen verteilen und zum Abschluß trinken.
*Tip:* Tischsiebe mit langen Stielen (in jedem Asiengeschäft erhältlich) anstatt Gabeln verwenden. Die Japaner fischen mit Stäbchen, aber das muß länger geübt werden.

# *Beschwipste Brühe im Wok*

*1 Bund Radieschen · 1 Fenchel*

*1 Pak Choi (ersatzweise Mangold oder Chinakohl)*

*250 g frische Pfifferlinge · 2 Stangen Lauch*

*1 Stangenweißbrot oder Vollkornbaguette*

*verschiedene Sprossen, wie Alfalfa-,*

*Radieschen und Senfsprossen*

*2 Kästchen Kresse · 1 Packung Glasnudeln*

*1 Knoblauchzehe · 1 l Gemüsebrühe*

*$^1/_4$ l Sekt oder Prosecco · 5 cl Marsala*

Die Radieschen putzen und feinblättrig schneiden. Den Fenchel vierteln, entstrunken und in Streifen schneiden. Den Pak Choi in Blätter teilen, waschen, größere Blattrippen entfernen und in dicke Streifen schneiden. Die Pfifferlinge putzen, eventuell halbieren. Die Lauchstangen säubern und in etwa 1 cm große Stücke schneiden. Das Brot in mundgerechte Würfel schneiden. Die verschiedenen Sprossen waschen, gut abtropfen lassen und in Schälchen verteilen. Die Kresse aus den Kästchen schneiden. Die Zutaten mit den Glasnudeln am Tisch anrichten.

Die Knoblauchzehe schälen und durch die Presse in die Gemüsebrühe drücken. Zusammen mit dem Sekt und dem Marsala aufkochen. Den Wok auf das Rechaud stellen und die Zutaten in Tischsieben garen.

*Tip:* Die Brühe mit Safran würzen. Nach Belieben gekochten Reis in die Brühe streuen und zusammen mit dem Gemüse »herausfischen«.

# *Spargelwok mit Kartoffeln*

*1 kg frischer Spargel · Salz · etwas Zitronensaft*

*2 EL Butter · 1 Prise Zucker*

*500 g Kartoffeln · 1 Zwiebel · 2 Knoblauchzehen*

*$^1/_2$ Bund frische Kräuter (Kerbel, Petersilie, Schnittlauch, Rosmarin usw.)*

*2 EL Pflanzenöl · frischgemahlener schwarzer Pfeffer*

*Sojasauce nach Belieben*

*100 g Crème fraîche · einige Tropfen Sesamöl*

Den Spargel schälen und in Salzwasser mit Zitronensaft, Butter und Zucker bißfest garen. Die Kartoffeln schälen, in gleich große Würfel schneiden und in Salzwasser fast gar kochen. In der Zwischenzeit die Zwiebel und die Knoblauchzehen schälen und hacken. Die Kräuter waschen, trockenschwenken, von den Stengeln zupfen und hacken. Die Spargelstangen in mundgerechte Stücke schneiden. Die Spargelbrühe durch ein Sieb passieren und etwa $^1/_4$ l für den Wok bereitstellen.
Das Pflanzenöl im Wok erhitzen. Unter ständigem Rühren Zwiebel und Knoblauch andünsten. Butter, Spargel- und Kartoffelstücke hinzufügen. Unter vorsichtigem Umrühren salzen, pfeffern und mit Sojasauce würzen. Den Spargelsud mit gehackten Kräutern und der Crème fraîche verrühren und über den Spargeltopf gießen. Einige Minuten nachziehen lassen, mit Sesamöl würzen und nochmals abschmecken.
*Tip:* Anstatt Crème fraîche Sahnejoghurt, saure Sahne oder Sahne verwenden.

# *Cremiger Spinatwok*

*1 Zwiebel · 2 Knoblauchzehen*

*etwa 2 cm frische Ingwerwurzel · 1/2 Bund Koriandergrün*

*1 kg gehackter Blattspinat (TK-Ware)*

*4 EL Pflanzenöl · 50 g Mandelblättchen*

*25 g Kräuterbutter · 4 cl Sherry*

*200 g Sahne · Salz · frischgemahlener schwarzer Pfeffer*

*1/2 TL gemahlener Kardamom*

Zwiebel, Knoblauchzehen sowie die Ingwerwurzel schälen und fein hacken. Das Koriandergrün waschen, trockenschwenken, von den Stengeln zupfen und hacken.
Das Pflanzenöl im Wok erhitzen. Unter ständigem Pfannenrühren Zwiebel-, Knoblauch-, Ingwerwürfel und die Mandelblättchen anbraten. Den aufgetauten Spinat mit der Kräuterbutter einrühren. Mit Sherry beträufeln und einige Minuten dünsten. Mit Sahne aufgießen, salzen, pfeffern und mit Kardamom würzen. Koriandergrün unterheben und nochmals abschmecken.
*Tip:* Dazu gewürzten Reis, beispielsweise Chili- oder Zitronenreis, servieren.

# *Gebackene Wan Tan*

Zu diesen knusprigen Röllchen passen alle Dips, ob Knoblauchsauce, süß-saurer Dip oder eine Meerrettichsahne. Der Teig ist kein Problem, denn Wan-Tan-Blätter gibt es tiefgefroren im Asiengeschäft.

*250 g Möhren, Lauch und Knollensellerie*

*1/2 Bund Koriandergrün · 250 g gekochter Duftreis*

*frischgemahlener schwarzer Pfeffer*

*1/2 TL gemahlene Kurkuma · 2 EL Reiswein*

*Sojasauce nach Geschmack*

*20 aufgetaute Wan-Tan-Blätter · 1 Eiweiß*

*etwa 1/2 l Pflanzenöl oder Kokosfett zum Fritieren*

Das Gemüse putzen, wenn nötig schälen und klein würfeln. Das Koriandergrün waschen, trockenschwenken, von den Stielen zupfen und hacken. Zusammen mit dem Gemüse, dem Duftreis, Pfeffer, Kurkuma, Reiswein und Sojasauce locker vermengen. Die Wan-Tan-Blätter auf einer Arbeitsfläche auslegen und darauf die Gemüse-Reis-Füllung verteilen. Die Teigränder einschlagen, diese mit verquirltem Eiweiß bestreichen, fest aufrollen und zusammendrücken.
Im Wok das Öl stark erhitzen. Die Wan-Tan-Rollen portionsweise goldbraun und knusprig ausbacken.
*Tip:* Die Füllung kann ganz nach ihren Restbeständen im Kühlschrank ausfallen. Je nachdem, wieviele es sind, können Sie diese leckeren Röllchen als Wan Tan mit Fünf oder Acht Köstlichkeiten servieren.

*Grüner Spargel im Wein-Gemüse-Sud (Rezept siehe Seite 148)*

# *Wan Tan im Dampfkörbchen*

Tiefgefrorenen Wan-Tan-Teig bekommen Sie in jedem Asiengeschäft. Es ist gut, etwas Teigvorrat im Tiefkühlfach zu haben, denn die Gelüste gehen des öfteren mit den Ladenöffnungszeiten nicht konform.

*1 Bund Frühlingszwiebeln*
*2 Knoblauchzehen · 250 g Mangold, Pak Choi oder Spinat*
*150 g frische Bambusschößlinge*
*1 kleiner Zucchino · 1 TL Sambal Oelek*
*1 Prise gemahlener Ingwer*
*dunkle Sojasauce nach Belieben*
*frischgemahlener schwarzer Pfeffer*
*36–40 aufgetaute Wan-Tan-Blätter*
*1 Eiweiß*

Die Frühlingszwiebeln putzen und fein hacken. Den Knoblauch schälen und durch eine Presse drücken. Das grüne Gemüse in feine Streifen schneiden, waschen und abtropfen lassen. Die Bambusschößlinge und den Zucchino in dünne Streifen schneiden. Die vorbereiteten Zutaten mit Sambal Oelek, Ingwer, Sojasauce und Pfeffer vermengen. Würzig abschmecken.
Die Wan-Tan-Blätter auf einer Arbeitsfläche auslegen. Die Füllung auf den Teigmitten verteilen, die Teigränder zur Mitte hochziehen und wie zu einem Geldsäckchen drehen. Die abgedrehten Teigenden mit verquirltem Eiweiß bestreichen.
Im Wok soviel Wasser aufkochen, daß der Siebeinsatz über dem kochenden Wasser steht. Portionsweise Teigsäckchen einlegen, den Wok mit einem Deckel verschließen und den Inhalt etwa 10 Minuten dämpfen.
*Tip:* Pflaumensauce zum Dippen bereitstellen.

# *Tofuwürfel mit Tomatengemüse*

In Restaurants sind die Köche im vegetarischen Bereich meist phantasieloser als in der Fleischküche. Und woran liegt's? Am erhöhten Zeitaufwand oder am Desinteresse? Ein Trost: Die Vegetarier sind geballt auf dem Vormarsch, und dann wird man sich mehr einfallen lassen müssen, als nur Beilagen zu servieren.

*400 g Tofu · dunkle Sojasauce nach Belieben*

*etwas Mehl zum Wenden · 2 Eier · 1 große Zwiebel*

*etwa 8 EL Erdnußöl*

*200 g Ananasecken mit Saft (aus der Dose)*

*1 kleine Dose geschälte Tomaten*

*1–2 EL Chilisauce · 1 EL Honig · 4 cl Sherry*

Den Tofu in gleich große, mundgerechte Stücke schneiden und mit Sojasauce beträufeln. In Mehl wenden und durch die verquirlten Eier ziehen. Die Zwiebel schälen und in dünne Ringe schneiden.

Einen Teil des Erdnußöls im Wok erhitzen. Die Tofuwürfel von allen Seiten knusprig braten, herausnehmen und auf einen Teller legen. Das restliche Erdnußöl in den Wok gießen und die Zwiebelringe kräftig anbraten. Ananasecken mit Saft hinzufügen, nach einigen Minuten auch die Tomaten mit Saft. Mit Chilisauce, Honig, Sherry und Pfeffer pikant-süß abschmecken. Kurz vor dem Servieren die Tofuwürfel untermengen.

*Tip:* Anstelle von Honig mit Ahornsirup süßen. Die verquirlten Eier mit 50 g geriebenem Käse verrühren.

## *Wurzelgemüse in Kokosrahm*

| |
|---|
| *500 g Möhren, Lauch und Knollensellerie* |
| *1 Schalotte · 2 cm frische Ingwerwurzel* |
| *1 Stengel Zitronengras* |
| *4 EL Erdnußöl* |
| *1/4 l Gemüsebrühe · 100 g Kokosnußpaste* |
| *Sojasauce nach Geschmack* |
| *frischgemahlener schwarzer Pfeffer* |

Das Gemüse putzen, wenn nötig schälen und in dünne Streifen schneiden. Die Ingwerwurzel schälen und hacken. Das Zitronengras säubern und fein würfeln.
Das Erdnußöl im Wok erhitzen. Unter Pfannenrühren den Ingwer andünsten. Die Gemüsestreifen einstreuen und einige Minuten durchdünsten. Mit Gemüsebrühe aufgießen und die Kokospaste mit einem Messer in die Gemüsepfanne schaben. Mit Sojasauce und Pfeffer abschmecken. Kurz vor dem Servieren das Zitronengras untermengen.
*Tip:* Zusätzlich mit Currypulver und Kreuzkümmel abschmecken.

# *Kokos-Curry-Wok*

In thailändischen Geschäften gibt es im Kühlfach grüne und rote Currypasten. Der Schärfegrad und die Zutaten sind auf dem Aufkleber angegeben.

*1 Packung Glasnudeln · 1 Zwiebel*

*$^1/_2$ Chinakohl*

*1 Bund Frühlingszwiebeln*

*4 EL Pflanzenöl · 1 EL milde Currypaste*

*$^1/_4$ l Gemüsebrühe*

*100 g Kokosnußpaste · Salz*

*frischgemahlener schwarzer Pfeffer*

*ein paar Tropfen Sesamöl*

Die Glasnudeln mit heißem Wasser begießen, etwa 5 Minuten quellen und in einem Sieb abtropfen lassen. Die Zwiebel schälen und hacken. Den Chinakohl entblättern, in Streifen schneiden, waschen und abtropfen lassen. Die Frühlingszwiebeln putzen und klein hacken.

Das Pflanzenöl im Wok erhitzen. Unter Pfannenrühren die Zwiebel- und Frühlingszwiebelwürfel sowie die Chinakohlstreifen andünsten. Mit Currypaste durchbraten und mit Gemüsebrühe aufgießen. Die Kokosnußpaste mit einem Messer in den Topf schaben. Nach 1–2 Minuten die Hitze verringern und die Glasnudeln vorsichtig einrühren. Mit Salz, Pfeffer und Sesamöl abschmecken.

*Tip:* Anstelle der Nudeln 250 g gekochten Reis untermengen.

# *Paprikapfanne mit Kräutertofu*

*400 g gekräuterter Tofu*
*300 g gekochte Kartoffeln · 1 Zwiebel*
*2 Knoblauchzehen*
*$^1/_2$ Bund gemischte Kräuter (Petersilie, Thymian, Kerbel, Rosmarin)*
*je 1 rote, gelbe und grüne Paprikaschote*
*5 EL Pflanzenöl*
*25 g Kräuterbutter*
*je 50 g schwarze und grüne Oliven*
*Salz · frischgemahlener schwarzer Pfeffer*

Den Tofu und die geschälten Kartoffeln in gleich große Würfel schneiden. Die Zwiebel und die Knoblauchzehen schälen und hacken. Die Kräuter waschen, trockenschwenken, von den Stielen zupfen und hacken. Die Paprikaschoten säubern, entkernen und passend zu den Kartoffeln schneiden. Einen Teil des Pflanzenöls im Wok stark erhitzen. Unter Pfannenrühren die Tofustücke rundherum anbraten, herausnehmen und auf einen Teller legen. Das restliche Pflanzenöl in den Wok gießen. Unter ständigem Rühren Zwiebel- und Knoblauchwürfel anbraten. Kartoffelstücke einstreuen und kräftig durchbraten. Die Paprikawürfel hinzufügen. Nach einigen Minuten die Kräuterbutter, Oliven und die Kräuter einrühren. Salzen, pfeffern und die Tofustücke locker untermengen.
*Tip:* Anstelle von Tofu Käse verwenden. Dazu beispielsweise zerbröckelten Schafskäse oder Mozzarellawürfel erst kurz vor dem Servieren untermengen.

# *Orientalische Kichererbsenplätzchen*

*250 g Kichererbsen (aus der Dose)*

*2 entrindete Weißbrotscheiben*

*$^1/_2$ Bund Koriandergrün · 2 Knoblauchzehen*

*Salz · $^1/_2$ Päckchen Backpulver*

*frischgemahlener schwarzer Pfeffer*

*etwas gemahlener Kreuzkümmelsamen*

*5 EL Pflanzenöl*

*zum Dippen: Miso*

*(Fertigprodukt aus dem Reformhaus)*

Die Kichererbsen in einem Sieb abtropfen lassen. Die Weißbrotscheiben in Wasser einweichen und danach fest ausdrücken. Das Koriandergrün waschen, trockenschwenken, von den Stielen zupfen und hacken. Die Knoblauchzehen schälen und durch eine Presse drücken. Alle vorbereiteten Zutaten mit dem Backpulver, Pfeffer sowie Kreuzkümmelsamen in die Küchenmaschine geben und pürieren. Den Teig abdecken und etwa $^1/_2$ Stunde im Kühlschrank ruhen lassen.

Im Wok das Pflanzenöl stark erhitzen. Mit Hilfe von zwei befeuchteten Eßlöffeln aus der Masse Nocken abstechen, diese etwas abflachen und portionsweise im Wok goldbraun braten. Mit etwas Miso genießen.

*Tip:* Auch andere Saucen, wie süß-saure Chilisauce, Pflaumensauce oder Sesamsauce eignen sich als Dip.

# *Auberginen nach griechischer Art*

| |
|---|
| *2 Auberginen (etwa 500 g)* |
| *Salz · 1 Zwiebel · 5 Knoblauchzehen* |
| *1 Salatgurke* |
| *500 g Vollmilchjoghurt* |
| *frischgemahlener schwarzer Pfeffer* |
| *Saft von ½ Zitrone* |
| *1 EL Olivenöl · 100 g entkernte schwarze Oliven* |

Die Auberginen waschen und in 1 cm dicke Scheiben schneiden. Auf eine Platte legen, salzen und mindestens 1 Stunde ruhen lassen. Die Zwiebel schälen, vierteln und in einzelne Scheiben brechen. Die Knoblauchzehen schälen und zusammen mit Salz im Mörser zerreiben. Die Salatgurke schälen, der Länge nach aufschneiden, die Kerne herauskratzen und das Gurkenfleisch klein würfeln. Knoblauch, Gurkenwürfel, Vollmilchjoghurt, Pfeffer, Zitronensaft und Olivenöl gründlich vermengen. Zuletzt die Olivenhälften einrühren, nochmals abschmecken und bis zum Gebrauch in den Kühlschrank stellen.
Die Auberginenscheiben mit Küchenkrepp trockentupfen.
Das Pflanzenöl im Wok stark erhitzen. Die Auberginenscheiben von beiden Seiten goldbraun und knusprig braten, auf Teller legen und mit Joghurt überziehen.
*Tip:* Als Getränk einen geharzten griechischen Weißwein (Retsina) dazu reichen.

# *Gemüsestreifen mit Senfsahne*

*1 große Zwiebel · 2 Knoblauchzehen · 2 Möhren*
*250 g Sojabohnensprossen*
*$^1/_2$ Bund Petersilie · 4 EL Pflanzenöl · 1 Prise Zucker*
*25 g Kräuterbutter · 100 ml Weißwein*
*Salz · frischgemahlener schwarzer Pfeffer · 200 g Sahne*
*1 EL mittelscharfer Senf*

Die Zwiebel und die Knoblauchzehen schälen und in Streifen schneiden. Die Möhren schälen, in längliche Scheiben und quer in Streifen schneiden. Die Sojabohnensprossen waschen und in einem Sieb abtropfen lassen. Die Petersilie waschen, trockenschwenken, von den Stielen zupfen und hacken. Das Pflanzenöl im Wok erhitzen. Zwiebel- und Knoblauchstreifen andünsten und nach einigen Minuten die Möhren hinzufügen. Mit einer kräftigen Prise Zucker bestreuen, mit Weißwein ablöschen und die Sojabohnensprossen einstreuen. Leicht salzen und pfeffern. Die Sahne mit dem Senf verrühren und über das Gemüse gießen. Etwa 5 Minuten leise köcheln lassen, nochmals abschmecken und mit Petersilie vermengen.
*Tip:* Kurz vor dem Servieren zusätzlich Senf- oder Rettichsprossen, Alfalfasprossen und Brunnenkresse über das feine Gemüsegericht streuen.

## *Weißkohl mit Erdnüssen*

*50 g ungesalzene Erdnußkerne*

*500 g Weißkohl · 1 Stange Lauch · 200 g Knollensellerie*

*100 g Sojabohnensprossen · 6 EL Erdnußöl*

*100 ml Weißwein · 5 cl Reiswein · 5 cl dunkle Sojasauce*

*1 TL Speisestärke*

*frischgemahlener schwarzer Pfeffer*

*einige Tropfen Sesamöl*

Den Wok oder eine Pfanne ohne Fett ganz heiß werden lassen. Die Erdnußkerne einstreuen und erst herausnehmen, wenn sie duften. Dabei mehrmals die Pfanne hin und her schwenken. Den Weißkohl waschen und in sehr dünne Streifen schneiden. Den Lauch der Länge nach halbieren, zwischen den Blattschichten waschen und quer in sehr dünne Streifen schneiden. Den Knollensellerie schälen und passend dazu schneiden. Die Sojabohnensprossen waschen und abtropfen lassen.
Das Erdnußöl im Wok erhitzen. Unter Pfannenrühren die Weißkohl-, Lauch- und Selleriestreifen braten. Nach einigen Minuten die Sojabohnensprossen hinzufügen. Weißwein, Reiswein und Sojasauce mit der Stärke verrühren und über das Gemüsegericht gießen. Die Erdnüsse unterrühren und mit Pfeffer abschmecken. Kurz vor dem Servieren mit Sesamöl »vollenden«.
*Tip:* Zusätzlich Erdnußsauce aus dem Asienladen servieren.

# *Linsencurry*

*5 Knoblauchzehen · Salz · 1 Bund Frühlingszwiebeln*
*2 Möhren · 6 EL Pflanzenöl*
*500 g gekochte Linsen · 1 TL Currypulver*
*$^{1}/_{2}$ l Gemüsebrühe*
*1 TL Kreuzkümmelsamen*
*frischgemahlener schwarzer Pfeffer · 200 g Sahne*
*50 g Mango Chutney*

Die Knoblauchzehen schälen und zusammen mit dem Salz im Mörser zerreiben. Die Frühlingszwiebeln putzen und klein hacken. Die Möhren schälen, in Scheiben und quer in Stifte schneiden.

Das Pflanzenöl im Wok stark erhitzen. Den Knoblauch sowie die Frühlingszwiebeln unter Pfannenrühren andünsten. Linsen und Currypulver einrühren, einige Minuten durchbraten und dann mit Gemüsebrühe aufgießen. Leicht salzen, pfeffern und mit Kreuzkümmelsamen würzen. Den Wok mit einem Deckel verschließen und das Gemüse etwa $^{1}/_{4}$ Stunde garen.

Anschließend die Sahne mit dem Mango Chutney vermengen und in das Gericht rühren. Nochmals abschmecken.

*Tip:* Linsen, Erbsen und Bohnen zu einem Curry verarbeiten.

## *Mangold mit Mandeln*

*etwa 500 g Mangold (ersatzweise Chinakohl oder Pak Choi)*

*1 Zwiebel · 1 rote Chilischote*

*6 EL Erdnußöl · 50 g Mandelblättchen*

*Sojasauce nach Belieben*

*frischgemahlener schwarzer Pfeffer*

Den Mangold entblättern, große Blattstrünke entfernen, quer in Streifen schneiden, waschen und in einem Sieb abtropfen lassen. Die Zwiebel schälen und hacken. Die Chilischote säubern, entkernen und in Streifen schneiden. Das Erdnußöl im Wok stark erhitzen. Unter Pfannenrühren Zwiebelwürfel, Mandelblättchen und Chilistreifen andünsten. Mangoldstreifen hinzufügen und unter Rühren etwa 8 Minuten braten. Mit Sojasauce und Pfeffer würzen.
*Tip:* Dazu Knoblauchbaguette reichen.

## *Morcheln und Bambussprossen*

*1 Packung Mu-err-Pilze · 1 Packung Glasnudeln*

*250 g frische Bambussprossen*

*5 EL Pflanzenöl · 1 EL Zucker · 1/4 l Gemüsebrühe*

*Sojasauce nach Belieben*

*frischgemahlener schwarzer Pfeffer*

Die Mu-err-Pilze mit heißem Wasser übergießen und etwa 20 Minuten quellen lassen. Die Glasnudeln in eine Schüssel legen und mit heißem Wasser begießen. Die Bambussprossen in Streifen schneiden. Die Glasnudeln nach etwa 5 Minuten in einem Sieb abtropfen lassen. Die Pilze kleiner schneiden. Das

Pflanzenöl im Wok stark erhitzen. Bambussprossen und Mu-err-Pilze unter Pfannenrühren andünsten. Mit Zucker bestreuen und nach 1–2 Minuten mit Brühe aufgießen. Sobald die Brühe kocht, die Glasnudeln beimengen. Mit Sojasauce und Pfeffer abschmecken.
*Tip:* Dazu viel Reis servieren.

## *Gemüseallerlei*

Folgende Gemüsemischung ist dem Leipziger Allerlei auf den Spuren. Sollten Sie noch an das i-Tüpfelchen, an frische Morcheln herankommen, dann wäre es geradezu perfekt.

| |
|---|
| *4 Mu-err-Pilze, getrocknet* |
| *500 g frischer Spargel · Salz · etwas Zitronensaft* |
| *2 EL Butter · 1 Prise Zucker* |
| *1 Bund kleine Möhren · 250 g Blumenkohl* |
| *250 g Erbsen (TK-Ware)* |
| *250 g Bohnen (TK-Ware) · 1 EL Mehl* |
| *frischgemahlener schwarzer Pfeffer · 4 EL Pflanzenöl* |
| *Sojasauce nach Belieben* |
| *1 Bund frisch gehackte Petersilie* |

Die chinesischen Pilze mit kochend heißem Wasser begießen und quellen lassen. Den Spargel schälen und in $1\,^1/_2$ l Wasser mit Salz, Zitronensaft, einem Teelöffel Butter und Zucker etwa 10 Minuten kochen. Den Spargelsud durch ein Sieb gießen. Den Spargel abtropfen lassen und in 3 cm breite Stücke schneiden. Die Möhren schälen oder kurz abschaben und in mundgerechte Stücke schneiden. Den Blumenkohl in kleine, gleich große Röschen teilen. Erbsen und Bohnen in einem

Sieb waschen und abtropfen lassen. Die Mu-err-Pilze ausdrücken und halbieren oder vierteln.
Aus Butter und Mehl eine helle Schwitze rühren und diese mit Spargelsud aufgießen. Bei kleiner Hitze gute 8 Minuten durchkochen, dabei leicht salzen und pfeffern. Anschließend die weiße Sauce für den Wok bereitstellen.
Das Pflanzenöl im Wok stark erhitzen. Unter ständigem Rühren die Möhrenstücke sowie die Blumenkohlröschen anbraten. Nach und nach die restlichen Gemüse inklusive der Pilze mitbraten. Leicht salzen, pfeffern und mit Sojasauce würzen. Mit weißer Sauce begießen, vorsichtig durchrühren und die Petersilie unterheben.
*Tip:* Nach Belieben das pikante Gemüsegericht mit einem verquirlten Eigelb ergänzen.
Zu diesem feinen Rahmgemüse frisches Stangenweißbrot oder nach Belieben körnig gekochten Duftreis reichen.
Da die weiße Sauce leicht ansetzen kann, ist es sinnvoll, einen beschichteten Wok zu verwenden.

## *Mediterraner Gemüsewok*

(Foto Seite 115)

*2 Knoblauchzehen · 500 g grüner Spargel*

*je 1 rote, grüne und gelbe Paprikaschote*

*1 mittelgroßer Zucchino · 1/2 Bund frisches Basilikum*

*200 g Erbsen (TK-Ware) · 3 EL Erdnußöl*

*5 cl Reiswein oder Sherry · 100 ml Gemüsebrühe · Salz*

*schwarzer Pfeffer aus der Mühle*

Nach Belieben:

*50–100 g frisch geriebener Parmesankäse*

Die Knoblauchzehen schälen und in Scheibchen schneiden. Den grünen Spargel nur nach Bedarf schälen und die holzigen Enden abschneiden. Waschen und je nach Wokgröße quer halbieren oder kleinschneiden. Die Paprikaschoten vierteln, Stielansätze und Kerne entfernen und in dünne Streifen schneiden. Den Zucchino säubern, Stiel und Blütenansatz wegschneiden. Der Länge nach in vier Scheiben und diese quer in Stifte schneiden. Das Basilikum waschen, trockenschwenken und die Blättchen von den Stielen zupfen. Diese etwas kleiner schneiden. Die Erbsen in einem Sieb abtropfen lassen.
Im Wok das Erdnußöl stark erhitzen. Den Knoblauch und die Spargelstangen unter Rühren in den Wok geben. Nach einigen Minuten mit Sherry und etwas Brühe beträufeln. Das vorbereitete Gemüse nach und nach einrühren, kräftig würzen und während der gesamten Garzeit von 10 bis 12 Minuten mit der restlichen Brühe beträufeln. Kurz vor dem Servieren nochmals abschmecken und mit Parmesan verfeinern.
*Tip:* Die Autorin bevorzugt bei diesem Rezept, den grünen Spargel einige Minuten vorzukochen. Der Spargel ist dadurch etwas saftiger, und ein Teil vom Spargelsud kann anstelle der Brühe verwendet werden.

# *Grüner Spargel im Wein-Gemüse-Sud*

(Foto Seite 133)

Frischer grüner Spargel ist etwas Wunderbares, nicht zuletzt, weil man ihn zu selten frisch bekommt. Dieses königliche Gemüse ist im Gegensatz zur weißen Verwandtschaft meist so zart, daß kein Schälen nötig ist. Damit Sie vollends in den aristokratischen Genuß kommen, stellen wir Ihnen ein ganz einfaches Rezept vor:

*1 $^1/_2$ kg grüner Spargel*

*1 Schalotte · 1 Knoblauchzehe · 2 EL Erdnußöl*

*5 cl Sherry · 100 ml Weißwein*

*$^1/_4$ l Gemüsebrühe · Salz · weißer Pfeffer aus der Mühle*

*1 TL Zucker · 2 EL weiße Sesampaste (Asiengeschäft)*

*4 EL helle Sojasauce*

Den Spargel an den unteren Enden gut zentimeterbreit abschneiden. Waschen, gründlich abtropfen lassen und je nach Wokgröße quer halbieren oder kleiner schneiden. Die Schalotte sowie die Knoblauchzehe schälen und fein würfeln.

Im Wok das Erdnußöl stark erhitzen. Unter ständigem Rühren das Schalotten-Knoblauch-Gemisch andünsten. Den Spargel einlegen und mit Sherry beträufeln. Nach einer Minute Weißwein und Gemüsebrühe angießen. Den Spargel leicht salzen, pfeffern und mit Zucker berieseln. Das Ganze etwa 10 Minuten leicht köcheln lassen. Die Sesampaste mit der Sojasauce verrühren und den Spargeltopf damit abschmecken.

*Tip:* Den Spargeltopf anstelle von Sesampaste und Sojasauce mit frischen Kräutern wie Basilikum, Petersilie, Kerbel oder Kresse und 50 g Pinienkernen würzen.

# ***Tête-à-Tête-Gemüse***

(Foto Seite 151)

Für 2 Personen:

*1 Zwiebel · 2 Knoblauchzehen · 2 cm frische Ingwerwurzel*

*500 g Gemüse bestehend aus 1 Möhre,*

*1 Kohlrabi · 1 Zucchino · 3 EL Erdnußöl*

*Cayennepfeffer · Sojasauce*

Zwiebel, Knoblauchzehen und die Ingwerwurzel schälen und hacken. Die Gemüse putzen, teils schälen und in feinste Streifen schneiden. Das Erdnußöl im Wok stark erhitzen. Das Gemüse unter fortwährendem Rühren in etwa fünf Minuten durchbraten. Mit Cayennepfeffer und Sojasauce abschmecken.

# Heiße Früchtchen und süße Leckereien

In der asiatischen Küche gibt es nicht halb soviele Desserts wie in der europäischen. Das liegt unter anderem daran, daß speziell in der chinesischen Küche keine Milchprodukte verarbeitet werden, aber natürlich auch an dem Fehlen geeigneter Zutaten. In Asien ißt man, wie in vielen anderen heißen Ländern, als Nachspeise Früchte, die keiner Zubereitung mehr bedürfen. Das Klima spielt dabei die Hauptrolle, denn bei großer Hitze ist der Appetit auf kalte, süße Obstspeisen wesentlich stärker als auf heiße Cremes oder Kuchen.
Wir haben dennoch die wenigen süßen Rezepte, die Wok-geeignet sind aufgespürt, und die sind allemal eine Sünde wert.

## *Süße Maisbällchen im Dampfkorb*

Die Zutaten sind für etwa 40 Bällchen berechnet. Die übrig gebliebenen können Sie am nächsten Tag in karamelisierter Butter erwärmen.

*250 g Maismehl · 50 g Sojamehl*

*150 g Zucker · 1/8 l lauwarmes Wasser*

Mais- und Sojamehl mit Zucker und Wasser so lange verkneten, bis ein elastischer Teig entsteht. Diesen etwa 10 Minuten

*Tête-à-Tête-Gemüse (Rezept siehe Seite 149)*

ruhen lassen. Den Teig zu einer Rolle formen und Scheiben von etwa 2 cm Dicke abschneiden. Mit feuchten Händen daraus Bällchen formen.
Im Wok Wasser aufkochen. Das Bambuskörbchen mit einem nassen Tuch auslegen und portionsweise die Maisbällchen einsetzen. Im geschlossenen Topf die Bällchen etwa 10 Minuten dämpfen.
*Tip:* Dazu erwärmtes Gelee oder Marmelade Ihrer Wahl servieren.

## *Gefüllte Bananenblätter*

Bananenblätter sind bei uns in gut sortierten Asienläden erhältlich. Sollten Sie keine Möglichkeit haben, Bananenblätter zu bekommen, so können Sie den Reisteig in Wan-Tan-Hüllen oder in Wan-Tan-Teig einrollen, den Sie tiefgefroren ohne weiteres in Asiengeschäften erhalten.

| |
|---|
| *1–2 Bananenblätter* |
| *250 g Reismehl (ersatzweise Weizenmehl)* |
| *150–200 ml lauwarmes Wasser* |
| *2 EL Pflanzenöl · 2 EL gehackte Walnüsse* |
| *2 EL Sesamsamen · 80 g Zucker* |
| *1 EL Sesampaste · einige Tropfen Sesamöl* |

Die Bananenblätter in 16 Stücke von etwa 10x10 cm schneiden. Die Blattstücke in kochendes Wasser legen, ein paarmal aufkochen und anschließend mit kaltem Wasser abschrecken. Auf einer Arbeitsfläche auslegen.
Das Mehl mit dem Wasser zu einem elastischen Teig kneten und kurz ruhen lassen.

Das Pflanzenöl im Wok erhitzen. Unter Pfannenrühren gehackte Walnüsse, Sesamsamen, Zucker und Sesampaste andünsten. Mit Sesamöl beträufeln, nochmals durchrühren und in eine Schüssel füllen.
Den Teig in etwa 16 Portionen teilen. Jede Teigportion mit der Handfläche glattdrücken, mit etwas Sesamfüllung belegen und zu einer Kugel formen. Die fertig gefüllten Teigportionen auf die Blattmitten der Bananenblätter setzen und so aufrollen und festdrücken, daß sie wie Päckchen aussehen.
Im Wok Wasser aufkochen, den Bambusdämpfer einsetzen und darin die Bananenblätterpäckchen etwa 15 Minuten dämpfen.

## *Karamelisierte Äpfel*

*3 Äpfel (Boskop) · Saft von 1/2 Zitrone*

*etwa 100 g Maisstärke*

*1/4 l Pflanzenöl*

*100 g Zucker · 1 EL Sesamsamen*

Die Äpfel schälen, entkernen und in Spalten schneiden. Mit Zitronensaft beträufeln und in Maismehl wenden.
Das Pflanzenöl im Wok stark erhitzen. Die panierten Apfelspalten darin portionsweise goldbraun ausbacken. Mit einem Schaumlöffel herausnehmen und auf eine Platte legen. Das Pflanzenöl weggießen, so daß nur noch ein dünner Film im Wok ist. Unter Pfannenrühren den Zucker einrieseln lassen und mit 5 Eßlöffeln Wasser beträufeln. Den Wok einige Male von der Hitzequelle wegziehen, damit der Zucker schön braun wird, aber keinesfalls verbrennt. Nach einigen Minuten die Apfelstücke in den Wok geben, kurz durchschwenken und auf

Teller verteilen. Mit etwas kaltem Wasser benetzen, denn so wird der Zucker fest. Mit Sesamsamen bestreuen.
*Tip:* Nach chinesischer Sitte taucht jeder Tischgast seinen fritierten Apfel kurz in kaltes Wasser – der Zucker zieht dann Fäden.

## *Fritierte Ananas*

| |
|---|
| *200 g Mehl · 1 Ei · $^1/_4$ l Wasser* |
| *2 Baby-Ananas* |
| *$^1/_2$ l Pflanzenöl* |
| *150 g Zucker · 1 TL Essig* |

Mit einem elektrischen Handrührgerät Mehl, Ei und Wasser glattrühren. Kurz zum Quellen in den Kühlschrank stellen. In der Zwischenzeit die beiden Ananas schälen, vierteln, entstrunken und in Ecken schneiden.
Das Pflanzenöl im Wok stark erhitzen. Die Ananasecken durch den Teig ziehen und portionsweise knusprig ausbacken. Auf Küchenkrepp entfetten und auf eine größere Platte legen. In einem separaten Topf oder auch im Wok unter ständigem Pfannenrühren Zucker, Essig und $^1/_8$ l Wasser zu Sirup kochen. Den fertigen Sirup löffelweise über die gebackenen Ananasstücke gießen.
*Tip:* Sobald die Ananasstücke mit Sirup überzogen sind, diese mit kaltem Wasser leicht benetzen, denn so kann der Zuckersirup Fäden ziehen.

## *Mandelbananen in Honig*

*2 große Bananen · Saft von 1/2 Zitrone*

*3 EL gehackte Mandeln · 1 EL Zucker · 2 EL Pflanzenöl*

*1 EL Butter · 2 EL Honig · Saft von 1 Orange*

Die Bananen schälen, quer halbieren und mit Zitronensaft beträufeln. Anschließend in der Mischung aus gehackten Mandeln und dem Zucker wälzen.
Das Pflanzenöl im Wok erhitzen. Die Bananenstücke mit Butter und Honig in den Wok geben. Unter Schwenken und vorsichtigem Rühren die Bananenstücke goldbraun braten. Nach Belieben mit Orangensaft begießen.
*Tip:* Anstelle von Orangensaft mit Alkohol flambieren oder einfach mit Mandellikör beträufeln.

## *Glasierte Mandeln*

*250 g geschälte Mandeln*

*150 g Zucker · 1 EL gemahlener Zimt*

*2 EL Pflanzenöl · 2 EL Butter*

Die Mandeln in kochendes Wasser schütten, kurz aufkochen, herausnehmen und in einem Tuch trockenreiben. Dabei die Häute entfernen. In einer Schüssel Zucker, Zimt und Mandeln gründlich vermischen.
Das Pflanzenöl im Wok erhitzen. Unter ständigem Rühren die Butter und die Mandelmischung einrühren. Sobald sich der Zucker aufgelöst hat und die Mandeln goldbraun gefärbt sind, herausnehmen und auf Küchenkrepp legen.
*Tip:* Für eine gemütliche Wein- oder Bierrunde sehr zu empfehlen.

## *Warmer Obstsalat*

Besorgen Sie entsprechend der Saison frische Früchte Ihrer Wahl.

| |
|---|
| *1 große Ananas · 50 g Lampionfrüchte* |
| *50 g Lychees · 1 kleine Mango · 1 Orange · 1 Banane* |
| *50 g Butter · 1 EL gehackte Nüsse* |
| *2 EL Zucker · Saft von 1 Zitrone · 2 EL Cream Sherry* |
| NACH BELIEBEN: |
| *4 Kugeln Eis* |

Die Ananas der Länge nach samt Blattschopf vierteln. Die Ananasstücke vorsichtig aushöhlen und das Fruchtfleisch klein würfeln. Lampionfrüchte nur waschen. Die Lychees schälen und entkernen. Die Mango schälen und das Fruchtfleisch vom Kern wegschneiden. Die Orange sorgfältig schälen, so daß keine weiße Haut mehr zu sehen ist. Mit einem kleinen scharfen Messer die Filets zwischen den Trennwänden herausschneiden. Das restliche Fruchtfleisch fest ausdrücken und den Saft über die Filets träufeln. Die Banane schälen und in Scheiben schneiden.

Die Butter im Wok vorsichtig erwärmen, nicht zu hohe Hitze wählen, sonst verbrennt sie. Unter Pfannenrühren Zucker und Nüsse einrieseln lassen. Nach und nach die vorbereiteten Zutaten hinzufügen. Mit Zitronensaft und Cream Sherry abschmecken. Nicht verkochen, sondern nur erwärmen. Mit einer Schöpfkelle vorsichtig in die Ananasschiffchen verteilen. Wer will, kann auf den Obstsalat Eiskugeln geben.

*Tip:* Nach Belieben mit zusätzlichem Alkohol flambieren.

## *Bananen-Apfelpfanne mit Zimtsahne*

*200 g Sahne · 1 EL Puderzucker*

*1 kräftige Prise gemahlener Zimt*

*2 Äpfel (Boskop)*

*2 Bananen · 1 EL Butter*

*4 cl Calvados*

Die Sahne mit der Hälfte des Puderzuckers und Zimt steif schlagen. Bis zum Gebrauch in den Kühlschrank stellen. Die Äpfel und Bananen schälen und in mundgerechte Stücke schneiden. Die Butter im Wok erhitzen und den restlichen Puderzucker einrühren. Unter Pfannenrühren zuerst die Äpfel andünsten. Nach einigen Minuten die Bananen hinzufügen und mit Calvados parfümieren. In Schüsselchen verteilen und mit Zimtsahne garnieren.
*Tip:* Die Fruchtpfanne mit Cashews, Mandeln oder Walnüssen variieren.

## *Crêpes Suzette*

Bereiten Sie die klassischen Crêpes vor und stellen Sie sie für eine abendliche Wokrunde bereit.

| |
|---|
| *150 g Mehl · 50 g Puderzucker* |
| *1 Ei · 2 Eigelb · abgeriebene Schale von 1/2 Zitrone* |
| *1/8 l Milch · 1/8 l Sahne* |
| *80 g Butter · 12 Stück Würfelzucker* |
| *2 unbehandelte Orangen* |
| *2 unbehandelte Zitronen* |
| *2 EL Zucker · 5 cl Grand Marnier (Orangenlikör)* |
| *5 cl Weinbrand* |

Mit einem elektrischen Handrührgerät Mehl, Puderzucker, Ei, Eigelbe, Milch und Sahne zu einem flüssigen Teig aufschlagen. Diesen 20–30 Minuten quellen lassen. In einer Pfanne portionsweise in heißer Butter dünne goldgelbe Crêpes herstellen. Diese auf einer Platte stapeln und mit Alufolie abdecken.
Die Zuckerwürfel an den gewaschenen Orangen und Zitronen reiben, bis sie mit Fruchtaroma vollgesogen sind. Die Früchte auspressen und den Saft bereitstellen.
Im Wok die restliche Butter schäumend erhitzen. Unter Pfannenrühren Zuckerwürfel und Zucker schmelzen. Fruchtsaft und Grand Marnier einrühren. Die Crêpes zusammenrollen oder -klappen und in den Wok legen. Den Weinbrand in eine Kelle gießen, über Feuer erwärmen, anzünden und über die Crêpes gießen. Zusätzlich mit Puderzucker bestäuben.
*Tip:* Im Wok mit Rechaud kann genauso ein Feuerzauber veranstaltet werden wie in speziell dafür ausgerichteten Flambierpfannen.

# *Apfel-Bachis aus der Schweiz*

Für dieses Eierkuchengericht ist ein beschichteter Wok mit abgeflachtem Boden und elektrischer Beheizung Voraussetzung. In Woks aus Gußeisen würde der Teig schnell ansetzen und die Regulierung mit dem Rechaud etwas hinderlich sein.

| |
|---|
| *4 Äpfel (Boskop) · 1 Orange* |
| *100 g Zucker* |
| *Saft und abgeriebene Schale von $^1/_2$ Zitrone* |
| *$^1/_4$ l Milch · 3 Eier · 3 EL Mehl* |
| *1 Päckchen Vanillezucker · 100 g Butter* |
| *Puderzucker und Zimt zum Bestäuben* |

Die Äpfel schälen, entkernen und klein würfeln. Die Orange schälen und passend zu den Äpfeln schneiden. Zusammen mit 50 g Zucker, Apfelwürfeln, Zitronensaft und -schale vermengen.

Mit einem elektrischen Handrührgerät aus Milch, Eiern, Mehl, Vanillezucker, dem restlichen Zucker und etwa 20 g Butter einen Teig rühren. Die Apfelmischung unter den Teig mengen. Im Wok einen Teil Butter erhitzen. Die Teigmasse eingießen und bei geringer Hitze ohne Rühren stocken lassen. Dann mit zwei Holzlöffeln die Masse vorsichtig drehen oder wie bei einem Kaiserschmarrn »zerreißen«. Restliche Butter in den Wok gleiten lassen und den Bachis fertig backen. Herausnehmen, mit Puderzucker und Zimt bestäuben.

*Tip:* Rosinen, Mandeln, Nüsse, einen Schuß Weißwein oder hochprozentigen Alkohol einrühren.

# *Pfannkuchenrollen mit Kokos*

Ein bißchen Exotik, kombiniert mit europäischen Pfannkuchen – und schon entsteht eine wunderbare Nachspeise. Die Pfannkuchen vor der Wokveranstaltung herstellen und bis zum Gebrauch abgedeckt kalt stellen.

| |
|---|
| *2 Eier, getrennt · 250 g Mehl* |
| *50 g Zucker · 1/4 l Milch · 1/4 l Wasser* |
| *1 Prise Salz · etwa 120 g Butter* |
| *100 g Aprikosenmarmelade · 2 EL brauner Zucker* |
| *50 g Kokosflocken · 5 cl weißer Rum* |

Die Eier trennen und das Eiweiß zu steifem Schnee schlagen. Mit einem elektrischen Handrührgerät das Mehl mit Eigelben, Zucker, Milch, Wasser und einer Prise Salz verrühren. Zuletzt den Eischnee unterheben und den Teig etwa 20 Minuten ruhen lassen. Aus dem Pfannkuchenteig in heiß schäumender Butter portionsweise acht Eierkuchen backen. Die Aprikosenmarmelade unter kräftigem Rühren erhitzen und auf die gebackenen Eierkuchen streichen; aufrollen.
Im Wok die restliche Butter erhitzen. Braunen Zucker und Kokosflocken einrühren. Portionsweise die Pfannkuchenrollen einlegen, einige Male drehen und zuletzt mit weißem Rum flambieren.
*Tip:* Zur Abwechslung die Pfannkuchenrollen mit Orangen-, Pflaumen-, Erdbeer- oder Himbeermarmelade füllen.

## *Fritierte Walnüsse*

Wir haben eine größere Portion gewählt, denn für wenige Nüsse lohnt es sich nicht, soviel Fett zu erhitzen. Die fritierten Walnüsse auf Küchenkrepp gut abtropfen lassen und in eine Dose mit Pergamentpapier füllen. Eine süße Knabberei für zwischendurch.

*400 g Walnußhälften*

*200 g Zucker · 500 g Kokosfett*

Die Walnußhälften in kochendes Wasser geben und, sobald das Wasser wieder aufkocht, herausnehmen. Auf Küchenkrepp legen und trockenreiben. Anschließend mit dem Zucker in einer Schüssel vermengen. Die Walnußhälften auf ein Blech legen und einige Stunden trocknen lassen.
Das Öl im Wok stark erhitzen. Die Walnußhälften unter Rühren im Fett goldbraun ausbacken. Mit einem Schaumlöffel herausnehmen, auf Küchenkrepp abtropfen lassen.
*Tip:* Schmeckt hervorragend nach einem gelungenen Wokabend.

# ANHANG

# Das Würz-ABC für ein gutes Gelingen

Der Wok wird bei uns in Europa zwangsläufig mit asiatischer Küche verbunden. Jedoch hindert uns nichts daran, den Wok mit internationalen, eurasischen oder europäischen Gerichten zu füllen. Genügend Beispiele dafür finden Sie im Rezeptteil.

Für Freunde asiatischer Gaumenfreuden und Neugierige, die es werden wollen, aber auch für Kenner und Liebhaber wird das folgende Küchenlexikon Aufschluß über vielleicht noch Unbekanntes und über die Vielfalt der asiatischen Gewürze und Zutaten geben.
Nachfolgend also eine Aufzählung solcher Produkte, die in gut sortierten Supermärkten oder speziellen Asiengeschäften problemlos zu erhalten sind.
Sollten Sie das erste Mal in einen Asienladen gehen, so werden Sie bei näherem Hinsehen erstaunt feststellen, daß das Angebot recht kunterbunt ist. Sie finden die wichtigsten Zutaten aus der japanischen, chinesischen und thailändischen Küche, aber dazwischen auch mexikanische, brasilianische oder indische Produkte. Aus diesem Grund beinhaltet diese Auflistung auch alle Zutaten, die im Rezeptteil benötigt werden.

*Aburage* Gebratener japanischer Bohnenquark. Wird in dünnen Blättern tiefgekühlt angeboten. Siehe auch Sojabohnenquarkblätter.

*Aceto Balsamico* Milder italienischer Balsam-Essig aus Modena.

*Agar-Agar* Algenart, die starke Gelierkraft hat. Als Pulver im Handel.

*Ajowan* Winzige mohnähnliche, stechend-scharfe Gewürzsamen. Als Gewürz sehr beliebt in der indischen Küche. Übrigens sehr wirkungsvoll gegen Blähungen.

*Annatto-Samen* Samen aus den Fruchtschalen des etwa 10 m hohen tropischen Annattobaumes. In der Karibik oder auf den Philippinen ist dieses Gewürz Standard. Erhältlich als geschroteter oder zerstoßener Samen oder bereits eingelegt in Öl (= Annatto-Öl).

*Atta* Sehr feines Vollkornmehl aus der indischen Küche, das bei uns in indischen Geschäften erhältlich ist.

*Austernsauce* Dickflüssige Würzsauce aus Austernextrakt, die für Suppen, Saucen und Gemüseallerlei häufig verwendet wird. Bei den Rezepten steht »nach Belieben«, denn überzeugte Vegetarier nehmen davon Abstand.

*Bahmi (Bamie)* Sammelbegriff für verschiedenste indonesische Nudeln aller Art.

*Bambusschößlinge* Meist in Dosen erhältlich. Halten sich umgefüllt, mit genügend Wasser bedeckt einige Tage im Kühlschrank. Mittlerweile sehr oft frisch erhältlich.

*Barbecuesauce* Asiatische, salzig-süße rote Fertigsauce, die in einigen Geschmacksabwandlungen erhältlich ist. Für manche Gemüsegerichte wirkt ein Löffel davon richtig aufpeppend.

*Basilikum* Problemlos frisch und getrocknet erhältlich. Soviel wie möglich frisch davon verwenden. In der indonesischen Küche eine sehr beliebte Kräuterart.

*Bohnen, schwarze* Stark gesalzen in Dosen oder Gläsern erhältlich. Nach gründlichem Waschen püriert für Füllungen zu verwenden oder im Ganzen in einer Gemüsepfanne.

*Chinesische Kastanien* Siehe Wasserkastanien.

*Chutneys* Eingemachte, kalte, dicklich-musige Saucen, teilweise mit größeren Stücken, die durch die Beigabe von Essig und Zucker ihren unverwechselbaren süß-säuerlichen Geschmack erhalten. Das ausgewogene Verhältnis zwischen Essig und Zucker macht die Chutneys unbegrenzt haltbar. Fertige Chutneys im Küchenschrank zu haben, ist für spontane Wokfeste immer empfehlenswert.

*Cilantro* Auch als Koriandergrün oder chinesische Petersilie bekannt. Wird in tropischen und subtropischen Ländern verwendet wie bei uns die Petersilie. Sollten Sie frische Cilantro-Zweige besorgen, setzen Sie die Wurzel ein und ziehen Sie selbst Cilantro. Ansonsten hacken und portionsweise einfrieren. Tip: Reiben Sie einmal frische Cilantro-Blätter zwischen zwei Fingern – ein unnachahmlicher Duft wird frei.

*Chilischoten* Aus der asiatischen, aber auch der südamerikanischen Küche nicht wegzudenken. Kleine rote oder grüne Schoten gibt es frisch und getrocknet zu kaufen.

*Chilisauce* Als Fertigprodukt in großer Zahl im Handel. Als Würzsauce in allen Geschmacksnuancen für Wokgerichte zum Kochen oder Dippen.

*Curry* Mischung von mindestens sieben gemahlenen Gewürzen. Grundzutaten sind Ingwer, Kurkuma, Kreuzkümmel, Zimt, Muskatnuß, Kardamom und Koriander. Es gibt unzählige verschiedene Mischungen von äußerst mild bis höllisch scharf; hier sind auch Cayennepfeffer und Bockshornklee enthalten. Curryliebhaber mischen gerne ihre eigenen Varianten. Ansonsten erproben Sie einfach die verschiedensten Currymischungen.

*Curryblätter (Neem)* Frisch oder getrocknet, vermitteln asiatischen Gerichten einen würzig-intensiven Geschmack.

*Currypaste* Konzentrierte, pastenartige Gewürzmischung von mild bis höllisch scharf. Besonders grüne, gelbe oder rote Currypasten aus Thailand sind zu empfehlen.

*Dashi* Klare Suppe, hergestellt aus getrockneten BonitoFlocken und Meeresalgen. Im Basissortiment der japanischen Küche und Ausgangsprodukt für Saucen, Suppen und ähnliches. Kann zusätzlich zur Würzung verwendet werden, aber nicht für überzeugte Vegetarier zu empfehlen. Bonitoflocken werden aus dem getrockneten Bonito, dem Blaufisch, hergestellt.

*Dou Fu pok* Chinesischer gebratener Bohnenquark. Wird frisch in Chinaläden angeboten.

*Duftreis* Vorzugsweise aus Thailand. Ist nicht nur für die Wokküche sehr zu empfehlen. Den Reis gut waschen, damit das (entstandene) Reismehl beim Kochen die Körner nicht verkleben kann. Beim Kochen duftet der Reis wie ein »Teich Lotusblüten« – daher wahrscheinlich der Name.

*Fenchelsamen* Ganz oder gemahlen, ist er immer gut in der vegetarischen Küche. In asiatischen Geschäften läuft er unter der Bezeichnung süßer Kreuzkümmel oder großer Kreuzkümmel.

*Fischsauce* Sie wird in Thailand oder in Vietnam wie bei uns Maggi verwendet. In jedem Asienladen in allen erdenklichen Abfüllungen erhältlich. Für Vegetarier nicht geeignet, da die Sauce aus Fischbrühe und Salz besteht. In den Rezepten ist deshalb vermerkt »nach Belieben«.

*Frühlingsrollen* Hauchdünne weiße Teigblätter, die tiefgefroren oder getrocknet im Paket angeboten werden. Es ist reine Gewohnheitssache, welche Art einem mehr liegt.

*Fünf-Gewürze-Pulver* Riecht und schmeckt im ersten Augenblick wie Lebkuchengewürz. Kein Wunder, denn es besteht aus Fenchel, Zimt, Nelken, Sternanis und Szechuanpfeffer. In der chinesischen Küche unentbehrlich. Vorsichtig verwenden.

*Galgant* Sieht aus wie frischer Ingwer und ist genauso zu verwenden. Der große Galgant hat unter der bräunlichen Schale weißes, der kleine Galgant eher orangefarbenes Fruchtfleisch. Außerhalb Asiens meist nur in pulverisierter Form erhältlich.

*Garam Masala* Indische Gewürzmischung bestehend aus gerösteten und gemahlenen Gewürzen. Fertigmischungen sind in Asienläden erhältlich. Zum Selbermischen: Zimtstange, Nelken, Muskatnuß, Kardamom und Schwarzkümmelsamen.

*Ghee* Geklärte Butter, die in der indischen Küche verwendet wird. Für Vegetarier, aber nicht für Veganer geeignet.

*Glasnudeln* Weiße, dünne, fast durchsichtige Reismehlnudeln. Auch als willkommene Abwechslung zum Reis in der Wokküche.

*Glutamat* Allgemeine Bezeichnung für Mononatriumglutamat, dem Natriumsalz der Glutaminsäure. Dieses weiße, geruchlose Pulver wird industriell aus natürlichen Pflanzenbestandteilen (z. B. Sojabohnen, Weizen oder Mais) hergestellt und vorzugsweise in der chinesischen und japanischen Küche zur Geschmacksverstärkung verwendet. Glutamat ist Allergikern nicht zu empfehlen, denn es kann Übelkeit oder Taubheitsgefühle hervorrufen – das berüchtigte »China-Syndrom«. Ob Sie dieses »Wunderpulver« Ve-Tsin verwenden, müssen Sie selbst entscheiden. In diesem Buch habe ich vollständig darauf verzichtet.

*Gomasio* Im Reformhaus oder in asiatischen Geschäften erhältliche Würzsauce, die aus etwa zehn Teilen geröstetem Sesam und einem Teil Salz besteht. Zusätzlich kann Gomasio mit Zucker und Glutamat versetzt sein. Einfach selbst herzustellen. Mit Pflanzenöl aufgießen und bis zum Gebrauch verschließen.

*Hoisin-Sauce* Chinesische, süß-würzige rotbraune und dickflüssige Fertig-Würzsauce. Aus Knoblauch, Salz und Gewürzen hergestellt. Zum Verfeinern von Speisen oder zum Dippen geeignet.

*Ingwer* In pulverisierter, eingelegter, kandierter oder frischer Form erhältlich. Mein Tip: Eine handgroße Ingwerwurzel kaufen, schälen, hacken und portionsweise einfrieren. Aus dem Tiefkühlfach direkt in den Wok geben.

*Ketjap Manis* Süße, dickflüssige Fertig-Würzsauce aus der indonesischen Küche, eine süßliche Sojasauce.

*Kokosmilch- oder paste* Auch als »Cream of Coconut« im Handel. Sie wird aus dem Fruchtfleisch der Kokosnuß gewonnen. Besonders beliebt in der thailändischen Küche für die unzähligen Curries. Wie in den Rezepten beschrieben verwenden.

*Koriander* Eines der Hauptgewürze in Asien. Alle Pflanzenteile werden zum Würzen verwendet. Die ganzen Samenkörner im Mörser zerstoßen und zusammen mit anderen Gewürzen in den Wok geben. Unentbehrliche Ingredienz für Curries (siehe auch Cilantro).

*Kreuzkümmel (Cumin)* Nicht zu verwechseln mit dem gewöhnlichen Kümmel. Kreuzkümmel ist schwarz und schmeckt vollkommen anders. Erhältlich als ganzer Samen oder gemahlen.

*Kürbiskerne* 35 % hochwertiges und leicht verdauliches Eiweiß, viele Vitamine, Phosphor, Eisen, Zink und ihr guter Geschmack sprechen eindeutig für die Verwendung im Wok.

*Kurkuma* Auch als Gelbwurz bekannt. Wird meist in pulverisierter Form angeboten. Wichtiger Bestandteil von Currymischungen.

*Lampionfrüchte (Kapstachelbeeren)* Zum Garnieren verwenden oder unter Obstsalat mengen.

*Lilienknospen* Bei uns in getrocknetem Zustand erhältlich. Wegen ihres delikaten, zarten Geschmacks bevorzugt Gemüsepfannen beizumengen. Die Lilienknospen einweichen, fest ausdrücken und kleinschneiden.

*Lotuswurzeln* Bei uns kaum frisch angeboten, meist nur in Dosen. Abtropfen lassen, kleinschneiden und unter die Gemüsepfanne mischen.

*Mirin* Süßlicher Reiswein aus der japanischen Küche. Sehr empfehlenswert zum Kochen, nicht aber zum puren Genuß.

*Miso* Paste aus gekochten, fermentierten Sojabohnen. Erhältlich in weißen, roten, beigen oder bräunlichen Sorten, die auch die Geschmacksrichtung anzeigen. Zum Würzen in der vegetarischen Küche sehr beliebt.

*Mu-err-Pilze* Auch als Chinesische Morcheln bekannt. Getrocknete schwarze Pilze, die in heißem Wasser quellen müssen.

*Muskatblüte* Ein Pflanzenteil der Muskatnuß. Wird getrocknet und pulverisiert angeboten und besitzt einen herrlichen Geschmack.

*Nüsse* Ob Pinienkerne, Walnüsse, Cashewkerne, Haselnüsse oder Mandeln – alle sind zur geschmacklichen Verfeinerung von Wokgerichten geeignet und willkommen.

*Pflaumensauce* Scharfe, würzige, süßliche chinesische Sauce, hergestellt aus Pflaumen, Chillies, Gewürzen, Essig und Zucker. Als Fertig-Sauce oder als Dip zum Würzen im Wok besonders zu empfehlen.

*Reisessig* In der Wokküche sehr viel verwendet. Es stehen verschiedene Sorten zur Auswahl, zum Beispiel japanischer oder chinesischer Reisessig.

*Safran* In pulverisierter Form oder als rote Fäden im Angebot. Das teuerste Gewürz der Welt, aber ab und an sollte man sich dieses tolle (Wok-)Geschmackserlebnis leisten.

*Sake* Japanischer Reiswein, der warm mit einer Temperatur von ca. 44 °C getrunken wird. Zum Abschmecken von Suppen, Saucen und Marinaden unentbehrlich.

*Sambal Badjak* Eine scharfe indonesische Gewürzpaste aus Chillies und anderen Gewürzen. Entweder zum Dippen reichen oder Gemüsegerichte im Wok damit verfeinern.

*Sambal Oelek* Gesprochen: Sambal Ulek. Eine aus Chillies und Salz zubereitete scharfe Würzsauce, die in Fläschchen oder Gläsern erhältlich ist.

*Sambal Manis* Süßliche indonesische Würzpaste.

*Sesam* Als ganze Samen getrocknet, oftmals geröstet, verleiht den Gerichten eine besondere Note.

*Sesamöl* Gewonnen aus gerösteten Sesamsamen und in der chinesischen Küche als »Vollendungsöl« verwendet. Erst ganz zum Schluß damit würzen. Keinesfalls zum Anbraten oder Erhitzen verwenden.
In Reformhäusern wird ein anderes, hitzebeständiges Sesamöl angeboten.

*Sojabohnenkeimlinge* Am besten frisch zu verwenden. Konservierte aus der Dose oder aus dem Glas schmecken zwar gut, sind aber kein Vergleich zu den knackigen frischen, bei denen man jedes Vitamin spürt.

*Sojabohnenquarkblätter* Aus Sojabohnenquark hergestellte dünne Blätter. Zu verwenden wie Reisblätter.

*Sojasauce* Extrakt aus fermentierten Sojabohnen und Salz. Sie gehört in Asien zur Grundausstattung im Gewürzregal. Bei uns sind mehrere Sojasaucen im Handel, die sich durch entsprechende Geschmacksnuancen unterscheiden.
Grundsätzlich gilt: helle Sojasauce schmeckt mild-aromatisch, die mitteldunkle Sojasauce ist kräftig im Geschmack und die dunkle Sojasauce ist besonders süß.
Sojasauce heißt in Japan »Shoyu«.

*Sonnenblumenkerne* In Reformhäusern erhältlich mit oder ohne Schale. Sind preiswerter und genauso würzig wie andere Nüsse. Gute Geschmacksträger, als ganze Kerne oder als Keimlinge.

*Strohpilze* Sehr wohlschmeckende Pilze, die in getrocknetem Zustand oder in Dosen bei uns erhältlich sind.

*Szechuan-Gemüse* Zubereitetes Gemüse aus Senfkohl (Gai Choy), Salz und Chillies. Aus der chinesischen Region Szechuan. In Dosen erhältlich, einfach unter eine Gemüsepfanne mengen.

*Tamarinde* Tropische, süß-saure Frucht, die als Mus verarbeitet bei uns in Asiengeschäften angeboten wird. Zum Dippen oder zur Verfeinerung von Gerichten geeignet.

*Tofu* Im Chinesischen Dou foo. Das Juwel in der chinesischen Küche. Hergestellt aus Sojabohnen. Frisch, eingelegt, gekräutert und geräuchert erhältlich. In der vegetarischen Küche unentbehrlich, denn Tofu ist einer der wichtigsten Eiweißträger.

*Tongku-Pilze* Auch als Shiitake bekannt, gelten in der chinesischen Küche als Delikatesse. Zudem sind sie sehr beliebt, da sie reich an B-Vitaminen sind. Außerhalb Asiens überwiegend im getrockneten Zustand erhältlich. Zunehmend auch als Frischware zu kaufen.

*Wakame* Seetang, der in der japanischen Küche äußerst gerne gegessen wird. Mittlerweile auch bei uns erhältlich. Wakame gründlich waschen, kleinschneiden und als Einlage für Salate und Suppen verwenden oder unter eine Gemüsepfanne mengen.

*Wasabi* Grüner, scharfer Meerrettich aus Japan. In Asiengeschäften als Pulver erhältlich, welches mit Wasser angerührt und je nach Gebrauch zum Dippen oder zum Würzen verwendet wird.

*Wasserkastanien* Bei uns überwiegend in Dosen erhältlich. Das Wasser abschütten, die Kastanien in Scheiben schneiden und einfach unter die Gemüsepfanne mengen. Schmecken etwas wäßrig, etwas nussig – eben wie Wasserkastanien.
Da die Dosen oft sehr groß sind und man nur einige Kastanien benötigt, die restlichen Wasserkastanien mit genügend frischem Wasser bedecken und bis zu fünf Tage im Kühlschrank aufbewahren.

*Zitronengras* Wird frisch oder getrocknet (in pulverisierter Form) angeboten. Ein sehr wohlschmeckendes Gewürz, das in der asiatischen Küche zur Grundausstattung gehört.

# Register nach Sachgruppen

*Heiße Früchtchen und süße Leckereien*

# Alphabetisches Register